SHODENSHA
SHINSHO

神社が語る古代12氏族の正体

関 裕二

JN264574

祥伝社新書

はじめに

常識ほどアテにならないものはない。「神道《しんとう》」といえば、日本固有の宗教と信じられている。海外の人びとも、伊勢神宮《いせじんぐう》などを訪ねては、「日本の伝統的な信仰の真髄《しんずい》に触《ふ》れられた」といって喜び、帰っていく。なるほど、鳥居があって、森や巨木に囲まれた神域だけを例にとれば、それは独特なものだろう。

しかし、鳥居のルーツをたどっていけば、中国南部の鳥竿《ちょうかん》に行きつく可能性が高い。伊勢神宮にしても、道教の思想がふんだんに盛りこまれている。深い森のなかにたたずむ社殿を見れば、日本人の感覚がすみずみに息づいていると思ってしまうが、じつは、当時の最先端の外来文化や「観念」を借りていたわけである。

「神道」や伊勢神宮が、いまの形に整備されたのは、律令《りつりよう》制度が完成した八世紀の前半と思われる。じつはこのとき、目に見えない、静かな政変が起きていた。藤原氏《ふじわら》(中臣氏《なかとみ》)が、古くからの豪族、他の氏族を抑えこみ、「一氏独裁」の体制の基礎固めを進めたのだ。

その過程で、日本最初の「正史《せいし》」とされる『日本書紀《にほんしょき》』は編纂《へんさん》され、歴史は塗りかえられた。藤原氏の支配の正当性が強調され、中臣氏の手による新たな「神道」が生みだされていく。こうして、古代豪族や氏族たちの凋落《ちょうらく》とともに、「神道以前」の信仰もまた、失われていった。

では、「神道以前」の信仰は、どのようなものだったのか。いま神社が伝えているもののなかに、古い信仰や祭祀《さいし》の跡《あと》はあるのか。

本書では、日本の古代史にとくに強い影響を与えた氏族を選び、その祖神《そしん》（氏神《うじがみ》）や神社との関係を見つめなおした。そうすることで、日本人の信仰の源流だけでなく、隠された日本古代史——「ヤマト建国」の経緯が明らかになったのである。

関《せき》 裕二《ゆうじ》

平成二十六年六月

目次——神社が語る 古代12氏族の正体

序編　「神道」と日本人

よくわからない神道《しんとう》

「神道《しんとう》とは何か」と聞かれれば、「日本固有の信仰」であるとか、「古代から継承されてきた日本人の宗教」とでも、答えるべきだろうか。少なくとも、ほとんどの日本人は、そう信じているだろう。

しかし、この「神道」なる謎めいた存在は、知れば知ろうとするほど、ラッキョウの皮を一枚ずつ剝《む》いていくかのように、実体がどんどん小さくなっていき、やがて消えてしまうのだ。

「神道」を日本固有の宗教と位置づけ、しきりに喧伝《けんでん》したのは、江戸時代の国学者、平田篤胤《ひらたあつたね》だった。彼によると、皇国《こうこく》は、天地《あめつち》のはじめから皇孫《すめみま》が統治し、歴代天皇に受け継《つ》がれてきたという。しかも、これこそが「真《まこと》の道」で、神道の「道」だというのだ。そして、正しい伝統は、日本にだけ伝わったという。

けれども、『日本書紀《にほんしょき》』や『古事記《こじき》』には、中国の古典に記された文言と似ている、あるいは同様の個所が、いくつも見つかる。とくに、神話の文章や思想は、中国の受け売りが多い。

平田篤胤はこれを、まったく予想外の言い分で反論した。むしろ、日本から中国に伝わったのであるから、似ていて当然と主張したのだ。ゆえに、日本の神道が世界の宗教の大本《おおもと》であると訴えた。たとえば、日本の神話に登場するイザナギは、中国では天皇大帝や昊天上帝《こうてんじょうてい》などと呼ばれ、インドでは帝釈天《たいしやくてん》となったと述べている。

まあ、それはご愛嬌《あいきょう》で済ませよう。いずれにせよ、よくわからない。ここで、「神道」は、どのように生まれたのか、一度確かめておく必要がある。

源流は、中国から

「神道」の二文字がはじめて文書のなかに登場するのは、用明《ようめい》天皇即位前紀《ぜんき》（『日本書紀』）で、「天皇《すめらみこと》、仏法を信《う》けたまひ神道《かみのみち》を尊《たふと》びたまふ」とある。仏教を信じる一方で、神道も尊んだとある。

また、孝徳《こうとく》天皇即位前紀には、「仏法を尊び、神道を軽《あなづ》りたまふ」とある。つまり、仏教を尊重し、神道を軽視したというのである。

この場合、「神道」は、「仏教」と対《つい》になって使用されているが、そもそも「神道」

という言葉も、日本で生まれたのではない。紀元前四～三世紀ごろ、すでに『易経《えききょう》』で「聖人は神道を以《もっ》て教を設けて天下服す」と出てくるように、中国で使われはじめた言葉だ。それが、前一世紀の漢代《かん》には、墓に通じる道を「神道」と呼び、後漢《ごかん》には、道術を意味するようになった。つまり、呪術宗教的な真理をさしていた。

おそらく『日本書紀』の編者の手によって、この「神道」という言葉が「神祇祭祀《じんぎさいし》」をさす言葉に借用されたのだろう。『日本書紀』や『古事記』の神話が、前二世紀に記された道家《どうか》の『淮南子《えなんじ》』などの文書を参考にしていたことは、周知の事実である。神仙道教と神話は、深くつながっていた。

また、あらためて述べるまでもなく、「天皇」という尊号にしても、北極星を神格化したもので、紀元前三世紀の中国で編みだされている。

神道の骨格をなしている祝詞《のりと》のなかにも、中国の思想が織りこまれている。『延喜式《えんぎしき》』に載《の》る「東《やまと》の文《ふみ》の忌寸部《いみきべ》の横刀《たち》を献《たてまつ》る時の呪《ず》」は、道教思想に由来する言葉で埋めつくされている。「皇天上帝《こうてんじょうてい》」（天上を支配する神）、「日月星辰《にちげつせいしん》」（太陽、月、星）、「三極大君《さんきょくたいくん》」（天・地・人の大君）、「東王父《とうおうふ》」（陽《よう》の気の精、男の仙人）、「西王母《さいおうも》」

（陰《いん》の気の精、女性の仙人）、「五方の五帝」（東西南北と中央にいる五柱の神）といった具合だ。どれをとっても、われわれが思い描くような神道の神々ではないし、漢文を「漢《かん》音《おん》」で奏している。

そもそも東西の文部《ふみべ》は、応神《おうじん》天皇の時代に朝鮮半島から渡ってきた人びとだから、このとき中国の思想が持ちこまれたことは間違いない。大祓《おおはらえ》の日に横刀を捧げ、呪文を唱えていた。大祓とは、六月と十二月の晦日《みそか》に、災禍《さいか》を祓うためにおこなわれる神事である。

新嘗祭《にいなめさい》（宮中でおこなわれる収穫を祝う祭祀）や大嘗祭《だいじょうさい》（天皇が即位してすぐにおこなう新嘗祭）にも、道教、陰陽《いんよう》五行《ごぎょう》の思想が盛りこまれていることは、吉野裕子《よしのひろこ》によって、『大嘗祭』のなかで詳しく言及されている。大嘗祭の古儀《こぎ》は、「祖神《そしん》としての蛇を祭神とする単純素朴な祭り」であるのに対し、新儀《しんぎ》は「宇宙神・太一《たいいつ》、および天皇霊の三神霊を三位一体として祭る至上にして複雑多岐にわたる祭りである」としたうえで、つぎのように述べている。

約一五〇〇年にわたって日本人の生活の基準となって来たものは、古代中国の思想・哲学・宗教・倫理であるが、その根幹にあるものは、易、陰陽五行、および古代天文学と、それらに深く結びついている道教である。（吉野裕子『大嘗祭』）

これが事実なら、神道をめぐる、ゆゆしき問題が隠されている。

道教の影響を受けた「天武《てんむ》・持統朝《じとうちょう》」

天皇の和風諡号《わふうしごう》にも、道教の発想が見受けられる。諡号とは、貴人の死後に奉《たてまつ》られる名前、おくり名である。そして、これには、和風と漢風《かんぷう》とがある。

天武《てんむ》天皇を例にとれば、「天武」は漢風諡号である。この漢風諡号は、八世紀後半になってから、淡海三船《おうみのみふね》が編みだしたものであるから、『日本書紀』や『古事記』が編纂された時期よりもあとである。

これに対し、『日本書紀』に「天渟中原瀛真人天皇《あまのぬなはらおきのまひとのすめらみこと》」とあるのが、和風諡号だが、この「天渟中原～」には、どのような意味があるのだろう。

天武十三年（六八四）、八色《やくさ》の姓《かばね》が制定され、それまで、もっとも権威のあるカバネであった「臣《おみ》」や「連《むらじ》」は、「真人《まひと》」と入れかわっている。これは、道教の奥義を悟った人をあらわし、天武天皇の和風諡号にある「真人」も同じだ。

また、その和風諡号の「渟中原」は、文字どおり「沼の中の原」だが、このあとにつづく「瀛」は、道教にいう東方三神山《とうほうさんしんざん》のひとつ「瀛州山《えいしゅうざん》」である。

天武の妻である持統《じとう》天皇は、在世中に三十二回の吉野行幸《よしのぎょうこう》を敢行している。吉野の地（奈良県吉野郡の宮滝《みやたき》付近）が神仙境《しんせんきょう》とみなされていたことは、『懐風藻《かいふうそう》』に載せられた藤原不比等《ふじわらのふひと》の漢詩からも、うかがい知ることができる。女人が仙草《せんそう》を食し、昇天した故事などが歌いこまれている。

天武の祖、初代神武《じんむ》天皇の和風諡号は、「神日本磐余彦尊《かむやまといわれびこのみこと》」である。また、天武の兄である天智《てんじ》天皇は「天命開別天皇《あめみことひらかすわけのすめらみこと》」、その母である斉明《さいめい》天皇は「天豊財重日足姫天皇《あめとよたからいかしひたらしひめのすめらみこと》」、叔父である孝徳天皇は「天万豊日天皇《あめよろづとよひのすめらみこと》」と、みな「和風諡号そのもの十天皇」といっていい。

ところが天武天皇は、突然変異のようにして、道教的発想に彩《いろど》られた「和風諡号」

を与えられたわけだ。中国の北極星信仰に由来する「天皇」号も、天武天皇がはじめて使ったのではないかと疑われている。

天武天皇は、「大王《おおきみ》は神」と謳《うた》われたが、どうも道教的な神をめざしていたようなところがある。だからこそ、カバネに「真人」を定め、崩御ののち、「天渟中原瀛真人天皇」の諡号を贈られたのであろう。

およそ伊勢神宮が、いまのような形に整えられたのは、「天武・持統朝」(持統天皇は、天武天皇崩御ののち、「その皇后だったから」という理由で即位している)のこととされている。そしてこの時期、急速に道教的発想が神祇祭祀のなかに組みこまれていった。

吉野裕子は前掲書のなかで、伊勢神宮祭祀と大嘗祭はそっくりだと指摘している。どちらも道教的な要素が共通点となっているのだが、たとえば、つぎの三点をあげることができるという。

一、祭祀時刻……子刻《ねのこく》(二十三時〜〇時)

二、祭祀方位……子方位《ねのほうい》(真北)

三、名称……ユキ大御饌《おおみけ》

ここで、「子《ね》」に注目しておこう。十二支の「子」でもある。「子の星」、すなわち真北に輝く星は北極星で、大嘗祭も、伊勢神宮も、北極星と関わりが深い。

大嘗宮は、「子の方角」（真北）の廻立殿《かいりゅうでん》を中心に、東西に六十七度の角度で悠紀《ゆき》・主基《すき》両殿が並ぶ。この角度は、大嘗祭供饌《ぐせん》時点の「北斗（七星）」と「南斗（六星）」の位置と同じだという。伊勢神宮内宮《ないくう》の場合にも、正殿の東西六十七度の角度に、東宝殿と西宝殿が位置する。つまり、大嘗祭も、伊勢神宮も、「子の星＝北極星（北の天極）」を中心にした星の配置を重視していることがわかる。

古代中国哲学は、北極星を神霊化し、宇宙神「太一《たいいつ》」と呼んだが、これが、大嘗祭と伊勢神宮で祀《まつ》られる祭神の正体だというのが、吉野裕子の説である。

天皇にとって、もっとも大切な大嘗祭と伊勢神宮には、古代中国の思考が混じり、信仰の柱になっていたことがわかる。ならば、日本固有の「神道」とはいったい何だったのか。

いっぽう、太古の日本人は、東から西のライン、すなわち「太陽の道」を重視した。ここに大きな差がある。

前方後円墳《ぜんぽうこうえんふん》の誕生と終焉《しゅうえん》

ここで注目しておきたいのは、大嘗祭も、伊勢神宮も、ともに七世紀から八世紀にかけて、本格的に整備されたことだ。そして、この前と後では、信仰の内容も、その祭祀支配者も、大きく入れかわっていた可能性が高い。つまり、このころ、「神道」は大きく性格を変えてしまったのではあるまいか。

まず、ヤマト建国来続いてきた「前方後円墳体制《ぜんぽうこうえんふん》」が、約三〇〇年後の七世紀初頭に終焉《しゅうえん》を迎えた。あまり注目されてこなかったが、このことは重大な意味を持っている。前方後円墳は、ヤマト建国のシンボルだったからだ。

三世紀初頭、奈良盆地の東南の隅に、政治と宗教に特化した、前代未聞《ぜんだいみもん》ともいえる形態の都市が造営された。これが、纏向《まきむく》遺跡（奈良県桜井市《さくらいし》）である。ここに、日本じゅうの地域から、人びとが集まってくると、彼らがそれぞれに持ちよった埋葬文化が組みあわされることで、前方後円墳は生まれる。

ヤマトの地で誕生した前方後円墳は、各地に伝播《でんぱ》し、埋葬文化を共有する「ゆるやかな連合体」が生まれた。これが、ヤマト建国の実態である。強大な力をもった征服者が、ヤマトをうち立てたのではなかった。おそらく、ヤマトの王は祭祀をつかさどっていたのだろう。こうして、武力や経済力を有する多くの首長《しゅちょう》（豪族）たちに支えられる体制が整ったわけである。

前方後円墳は、もっとも「王や首長のお墓の個性的な形」であったが、それよりも大切なことは、「新たな宗教観」を提示し、共有したことであろう。墳丘《ふんきゅう》上で祭祀が執《と》りおこなわれ、埋葬する先代の王や首長の霊《たま》（魂）を新たな王や首長が継承した。これが、ヤマトの「神祇祭祀＝神道」の原型であった。

つまり、三世紀後半、あるいは四世紀から七世紀初頭まで続いた前方後円墳体制は、ヤマトの神祇祭祀の本質だったことになる。すなわち「神道」の原型である。だからこそ、七世紀初頭に前方後円墳の造営が終わったことに、注目せざるをえない。

祭政一致《さいせいいっち》の時代

そしてもうひとつ、やはり七世紀を境に、変化を見せたのが、「ヒメヒコ制」ではなかろうか。

『隋書《ずいしょ》』倭国伝《わこくでん》に、「ヒメヒコ制」について記した有名な記事が残される。隋の開皇《かいこう》二十年（六〇〇）、倭王《わおう》が遣《つか》わした使者が、隋の王宮にやってきた。文帝《ぶんてい》は、役人に命じて倭国の風俗を尋ねさせる。すると使者は、次のように答えた。

> 倭王は天を以《も》って兄と為《な》し、日を以って弟と為す。天未《いま》だ明けざる時、出《い》でて政《まつりごと》を聴き、跏趺《かふ》して坐《ざ》す。日出づれば便《すなわ》ち理務《りむ》を停《とど》め、我が弟に委《ゆだ》ねんと云《い》う。
> （訳：倭王は天を兄となし、日を弟としている。夜が明ける前に兄は政務をおこない、その間あぐらをかいて座っている。夜が明ければ、弟にゆだねようという）

これを聞いた文帝は、「此《こ》れ太《はなは》だ義理《ぎり》無《な》し」（なんと馬鹿げたことを）と困惑し、諭《さと》して改めさせたというのだ。おそらく二人一組で政治を動かしていることや、「兄」が夜中にしか活動しないことなどに驚いたのだろう。

しかも、ここに書かれた「兄と弟」は、実際には「姉と弟」を指している。また、妹と兄、叔母と甥の関係もあった。いずれにせよ、男王（ヒコ）の親族の女性（ヒメ）が祭祀に専念し、神と結ばれ、その力を王に照射する……これが「ヒメヒコ制」と呼ばれている、古代日本の政治システムである。

もっともわかりやすい例は、邪馬台国の卑弥呼《ひみこ》だろう。「魏志倭人伝《ぎしわじんでん》」（『三国志（魏書）』東夷《とうい》伝倭人条）には、つぎのようにある。


倭国にはもともと七、八十年、男王が君臨していたが、倭国は乱れ、互いにせめぎ合った。そこで女王を立てることにした。名は卑弥呼で、鬼道《きどう》に仕《つか》え、民をよく惑《まど》わした。高齢だが、夫はなく、男弟がいる。男弟は、姉を助け、国を治めた。卑弥呼が王に立ってから朝見する人は少なく、婢《めやつこ》千人を侍《はべ》らせた。ただし、ひとりの男子が飲食を供し、言葉を伝える役割を担《にな》って、居館に出入りした。宮室《きゅうしつ》、楼観《ろうかん》、城柵《じょうさく》を厳《おごそ》かに設け、常に人がいて、兵士が守っていた。

卑弥呼は祭司王《さいしおう》で、実権を握っていたわけではなかった。「男弟が姉を助けた」というが、現実は逆だ。「神の言葉」をひとりの男に伝え、「神の力」で彼と協同して国を守ったのだ。夫がいなかったのは、「神の妻」だったからであろう。神と巫女《みこ》は性的につながりトランス状態となり、絆《きずな》を深めると信じられていた。だから、神の言葉と力を得ることができると信じられたのだ。これが、ヒメヒコ制の原理である。

神武東征《じんむとうせい》説話を見てみよう。神武天皇がヤマトの盆地に入るとき、多くの首長が陣を構えて抵抗したが、その首長たちは、「兄猾《えうかし》、弟猾《おとうかし》」、あるいは「兄磯城《えしき》、弟磯城《おとしき》」というように、兄弟二人で一組になっている。そして、「兄は神武に逆らい、弟は恭順する」という、共通の動きをしている。

これも、「兄は王、弟はミコ（巫女）」であって、祭祀をつかさどるミコは、いずれも神武に協力的だったという話だ。つまり、「神は、神武のヤマト入りを支持していた」ことの表明であり、ミコはその言葉を王に伝えたにもかかわらず、かたくなな王たちは、神の言葉に耳を貸さず、神武に歯向かってきたというわけである。これらは、神武によるヤマト入りを正当化する筋書きに他ならない。

このように、邪馬台国、神武東征（ヤマト建国）当時、すでにヒメヒコ制は確立していて、しかも『隋書』倭国伝にあるように、六世紀の最後の年、日本の王家は、ヒメヒコ制の現状を隋に報告していたことになる。ヤマト朝廷も、やはり邪馬台国の卑弥呼の時代と同じように、「神と結ばれた巫女」、「王を守るミコ」によって、民を統治していたことがわかる。「政」と書いて「マツリゴト」と読むのは、このような古代社会の祭政一致《さいせいいっち》があったからである。

七世紀の大きな変化

六世紀末〜七世紀以降、ヤマト朝廷は大変身する。

飛鳥の法興寺《ほうこうじ》（飛鳥寺《あすかでら》）、斑鳩《いかるが》の法隆寺《ほうりゅうじ》など、蘇我《そが》氏主導で、本格的な大寺院がつぎつぎと建立されていく。推古《すいこ》十五年（六〇七）、聖徳太子《しょうとくたいし》は第二次遣隋使《けんずいし》を派遣し、有名な「日出《い》づる処《ところ》の天子、書を日没する処の天子に致《いた》す。つつがなきや云々《うんぬん》」という国書を送り、煬帝《ようだい》をあわてさせ、また翌年、隋使・裴世清《はいせいせい》を迎えいれることに成功した。

このときの様子を『日本書紀』は、「文明国にふさわしい歓迎の態勢を整えた」というニュアンスで記録している。ヤマト朝廷は、新たな体制を敷きつつあったのだろう。屯倉《みやけ》制の充実、新制度の導入など、たしかに改革事業の気運は高まっていた。

そして、朝鮮半島と大陸の情勢が流動化するなか、日本にも中央集権国家の建設が急がれていた。七世紀、日本は大きく変化しようともがいていたのである。

ただし『日本書紀』は、蘇我本宗家《ほんそうけ》が専横をくり広げ、王家をないがしろにしたことで、改革事業はいったん頓挫《とんざ》したと主張する。そして、皇極《こうぎょく》四年（六四五）の蘇我蝦夷《えみし》、入鹿《いるか》親子暗殺（乙巳《いっし》の変）ののち、ようやく大化改新を実現できたとしてきた。

このとき、『日本書紀』のいうような律令《りつりょう》制度（明文法《めいぶんぽう》による国家統治システム）が整備されたかというと、疑念がもたれているが、ここから八世紀初頭にかけて、紆余《うよ》曲折《きょくせつ》を経ながら、律令制度は整えられていく。

すでに触れたように、前方後円墳がつくられなくなるのは七世紀の初頭で、ヤマト朝廷が新たな体制に向かって走りだす時代と、ほぼ重なっている。やはり、七世紀に何かが起きていたのであり、このときにまた、神道が大きく改変された可能性は高いのである。

現存する最古の正史《せいし》『日本書紀』は、西暦七二〇年に編纂され、また大宝律令《たいほうりつりょう》（七〇一）によって、律令制度は、ほぼ完成したと考えられている。

伊勢神宮の整備も、この「新体制づくり」の過程で進んだが、とくに天武天皇の時代、急激な変化があったと見られている。吉野裕子は、「天武・持統朝」に宗教改革がおこなわれたにちがいないと推理している。

最初に『日本書紀』編纂を「命じた」のも、天武天皇だった（と、その記事から読みとれる）。新たな時代を築くために、過去の清算をおこなおうとしたのだろう。

正史とは、歴史を「大掃除《おおそうじ》」して、現政権の正統性を証明する目的で記されるものだ。中国では王朝交替《こうたい》ののちに、新王朝が旧王朝の歴史書を記すのが一般的だった。ここでは、旧王朝の堕落《だらく》を指摘し、王朝交替の正当性が証明される。

ここ日本において、七世紀後半に正史編纂の気運が高まったのも、王家か政権のどちらかが入れかわったことを暗示しているのではないだろうか。

ただし正確にいえば、『日本書紀』は、天武天皇が崩御したのちに編纂されたのだから、天武にとってではなく、この歴史書編纂時の政権にとって都合よく編まれた歴史書となっている。このあたりの事情は、のちに詳しく触れる。

ところで、『日本書紀』天武天皇即位前紀には、興味深い記事がある。

天武は生まれながらに抜きんでた姿であらわれ、成長すると勇猛で、人並みはずれた武徳があり、「天文、遁甲《とんこう》に通じていた」というのだ。「遁甲」は、陰陽の知識を駆使して人目をくらまし、凶から逃れ、吉を得る術で、七世紀初頭に、すでに日本に伝わっていた。

また、推古十年（六〇二）冬十月条には、百済《くだら》から暦本《れきほん》、天文・地理の書、遁甲・方術《ほうじゅつ》の書が貢上《こうじょう》されたと記録される。この「方術」は、方士（道士《どうし》）の不老長寿や医薬、占術など、当時の最先端の知識であった。もちろん、遁甲も方術も、道教思想と深い関わりがある。

そうなると、やはり七世紀の段階で、中国的な思想や信仰が、大嘗祭や伊勢祭祀に採《と》りこまれていた可能性は高いといわねばならない。

天武と持統の本当の仲

ここで、教科書で教えられてきた歴史をおさらいしておこう。

六世紀後半から七世紀前半にかけて、急速に台頭した蘇我氏は、いわば「蘇我腹（蘇我系）の天皇」を擁立《ようりつ》することによって、安定的な政権を築きあげた。蘇我馬子《うまこ》、蝦夷、入鹿の三代は、「盗人も恐れた」といわれるほどの、強権を獲得する。推古天皇と蘇我馬子の時代には、「蘇我系皇族」の聖徳太子でさえ、居心地が悪く、斑鳩《いかるが》に隠居したのではないかと疑われているほどだった。

聖徳太子の死後、蘇我入鹿はさらに増長し、聖徳太子の子である山背大兄王《やましろのおおえのみこ》の一族を滅亡に追いこむ。これを王家最大の危機と判断した中大兄皇子《なかのおおえのみこ》と中臣鎌足《なかとみのかまたり》が、蘇我本宗家を滅ぼす中心的役割を果たし、直後に大化改新が断行されたと『日本書紀』はいう。

のちに、中大兄皇子は即位して天智天皇となり、その後、弟の大海人皇子《おおあまのみこ》が天智の子の大友皇子《おおとものみこ》と皇位継承争いを演じ、壬申《じんしん》の乱（六七二）を制して天武天皇となった。天武は強権を発動し、一気に律令制度を整えようとしたが、志《こころざし》なかばで崩御。

「夫の遺志を引き継ぐべく即位」したのが、持統天皇（鸕野讃良皇女《うののさららのひめみこ》）であった。

この夫婦天皇の時代をひとまとめにして「天武・持統朝」と呼び、大嘗祭や伊勢神宮の整備が一気に進んだと考えられているのである。

また持統天皇は、中臣鎌足の子である藤原不比等を大抜擢《ばってき》し、ここから藤原氏繁栄の基礎が築《きず》かれていく。藤原不比等こそ、律令整備の最後の詰めをおこなった人物であり、また律令を駆使することによって、盤石《ばんじやく》な権力の基盤をモノにした立役者だった。

このようないきさつがあったため、一般に「神道の節目《ふしめ》」といえば、「天武・持統朝」に目が向きがちだ。『日本書紀』は、天武天皇は遁甲を得意とし、持統天皇はさかんに吉野という神仙境へ赴《おもむ》いたと記す。いかにも天武と持統のコンビが、朝廷を「道教一色に染めあげた」ように見えてくるのである。

しかし筆者は、まず「天武・持統朝」と、二人の天皇をひとくくりにした言葉それじたいに、違和感を覚えている。というのも、「天武と持統が一枚岩で、制度や理念の継承が穏便《おんびん》におこなわれた」とは、にわかに信じがたいからである。

もし、神道の節目、神道祭祀の形態が一瞬にして入れかわったとすれば、それは通説がいうような「天武・持統朝」を通しての改革ではなく、天武と持統のあいだに、かえって「巨大な亀裂」が横たわっていたためではないだろうか。つまり持統が、天武が残した体制や制度に反発したということだ。

「親蘇我」と「反蘇我」の暗闘

さかのぼれば、天智天皇（中大兄皇子）と天武天皇（大海人皇子）の兄弟の確執が、歴史の巨大な節目をつくりあげたと、筆者は睨《にら》んでいる。

そして、もうひとつ大切なことは、『日本書紀』によって大悪人のレッテルを貼られた蘇我氏が、実際には改革派で、王家を大切にしていたことなのだ。

では、なぜ中大兄皇子が蘇我入鹿暗殺を計画したのかといえば、蘇我氏が大海人皇子を推《お》していたからだろう。蘇我氏を改革派、大海人皇子を「親蘇我派」と考えると、多くの謎が解けてくる。

壬申の乱で、天智の子・大友皇子と天智の弟・大海人皇子が対峙《たいじ》したとき、いったん近江朝（大友皇子側）の重臣となっていた蘇我氏が、こぞって大海人皇子に寝返ったのも、大海人皇子が「蘇我氏の改革事業を引き継ぐ者」だったからにちがいない。

蘇我氏の心強い後押しを受けて、大海人皇子は勝利を手にした。そして、一気に改革事業を展開したのである。

ところが、ここに思わぬ落とし穴が待ち構えていた。天武天皇崩御ののち、多くの皇子が粛清され、鸕野讃良が皇位を奪ってしまったことである。

『日本書紀』は、たがいの病気平癒《へいゆ》を願い薬師寺《やくしじ》を建立するなど、天武天皇と鸕野讃良が「仲睦《なかむつ》まじい夫婦」であったことを記録するが、必要以上にこれを強調している点が、かえって怪しい。

鸕野讃良は天智天皇の娘で、しかも中臣《なかとみ》鎌足の子・藤原不比等を大抜擢してしまった。このコンビは、「天智＋中臣鎌足」の再来で、いわば壬申の乱直前の体制への逆戻りを意味していた。

乙巳の変で蘇我入鹿が殺され、「親蘇我政権」は大打撃を受けるも、直後にやはり「親蘇我派」の孝徳天皇が即位した。しかし、やがて中大兄皇子が実権を握り、孝徳は捨てられ、中大兄皇子の即位によって、「反蘇我政権」が樹立された。壬申の乱で、大海人皇子がふたたび「親蘇我政権」を復興したが、その没後、持統天皇と藤原不比等のコンビが、「天武政権の遺業を継承する」という大義名分を掲《かか》げて、実際には、「持統天皇を始祖とする、天智系の反蘇我政権」をうち立てたわけである。

改変された神道

問題はこののち、「天智系の反蘇我政権」が、『日本書紀』のなかで蘇我氏を大悪人に仕立てあげてしまったことだ。ヤマト建国来の歴史を改竄《かいざん》し、さらに「神道」そのものを、改変してしまったのである。

神道を支配していったのは、藤原氏から枝分かれした中臣氏（大中臣氏《おおなかとみ》）である。しかし、藤原氏は、もともと中臣鎌足が死ぬ直前に「藤原の姓」をたまわって誕生した氏族である。この藤原鎌足は、中臣氏の出ということになっているが、藤原氏が隆盛を極めたために、関係氏族である中臣氏も権力を得た。

律令制度が完成すると、藤原氏は太政官《だいじょうかん》を牛耳《ぎゅうじ》り、中臣氏は神祇官《じんぎかん》を支配した。

太政官は政治の実務を、神祇官は神道祭祀をつかさどった。結果として藤原氏は、何から何まで「藤原色」に染めあげたわけである。

九世紀のはじめ、斎部広成《いんべのひろなり》は『古語拾遺《こごしゅうい》』のなかで、「中臣神道」を痛烈に批判している。もともと斎部氏と中臣氏は、猨女《さるめ》（猿女）氏とともに日の神を祀る同等の立場にあった。ところが、ともに神祇祭祀に携《たずさ》わってきたのに、中臣氏だけが重要な役を担《にな》うようになり、伊勢神宮の祭祀も独占して、斎部氏と猨女氏は排除されてしまったという。

それでいて、「近ごろは伊勢神宮も軽視されている」と、不思議な話が出てくる。神祇官が幣《みてぐら》をわかつとき、順番が諸神よりもあとになってしまっているという。詳細は不明だが、少なくとも、藤原氏と中臣氏が政権の中枢を独占してしまったあと、「いまの神祇祭祀が、昔と違ったものになった」ことを、斎部広成が必死に訴えようとしていることだけは、確かなようである。

七世紀から八世紀にかけて、神祇信仰の何かが入れかわり、新しい「神道」が編みだされたことは間違いない。

上山春平《うえやましゅんぺい》は『続・神々の体系』のなかで、日本人の信仰の原点と信じられているる伊勢神宮が、実際には「天平文化のおもかげを鮮《あざ》やかに伝えている」と指摘する。伊勢の、伝統的と思われてきた神事が、「国粋的」ではなく、むしろ「国際的」な色彩に満ちているという。そしてその理由を、つぎのように説明する。

大唐文化礼讃の熱気のみなぎっていた奈良時代ならば、伝統的な神聖意識をあえてふみにじるようなふるまいが、文明の名において、まかり通るということもありえなかったわけではあるまい。（上山春平『続・神々の体系』）

なるほど、いかにもありそうなことだ。はたして、国際的な宗教が「大唐文化礼讃」の延長線上にあるのかどうかは別として、実際、七世紀以前と以後では、政治体制そのものが「激変」したのであって、信仰形態もまた、統治形態の変化とともに、改変されたとしても、不思議ではない。

そう考えると、「神道」とは、八世紀に生まれた新たな信仰形態であって、ヤマト建国来続いてきた前方後円墳体制やヒメヒコ制とは、まったく別物だった可能性が出てくる。

多神教と一神教

そこでまずはっきりさせておきたいのは、そもそも日本人の原始の信仰とはどのようなものなのか、ということである。

江戸時代の国学者、本居宣長《もとおりのりなが》は、太古の日本人が想像した「神」（モノ）の姿について、『古事記伝《こじきでん》』のなかで、「世のつねならず、すぐれたる徳のありてかしこきもの」といいあらわした。ここでいう「すぐれたる」は、ものごとの程度の激しいことをさし、「徳」は、「働き」をさしている。神とは、善悪を超越し、「人智《じんち》を超えた力を発揮するもの」とみなした。

このように本居宣長は、日本人にとっての「カミ」の正体を、端的にいいあらわした。これ以上の言葉を加える必要もないほど、完璧な表現ではなかろうか。「カミ」は、人間の力ではどうすることもできない、偉大で恐ろしい目にみえない力、すなわち「大自然そのもの」と考えれば、たいへんわかりやすい。そして、今日的な言い方をすれば、神道の根源は、「アニミズムと多神教だった」ということになる。

一般的に、神というものは、「正義の味方」とは限らない。じつに人間くさく、悪さもする。時には、人びとを恐怖のどん底に突き落とす。天変地異や疫病《えきびょう》を振りまき、人びとを殺していく。そうかと思うと、幸や豊穣《ほうじょう》をもたらす。それはなぜかといえば、「カミは大自然そのもの」だからだ。

そして神は、「祟《たた》る鬼」として世にあらわれ、人びとに祀られることによって「やさしい神」に変身するというのが、基本的な多神教の神概念であろう。

かつて、イギリスの人類学者、エドワード・バーネット・タイラーは、一八七一年に刊行された『原始文化』のなかで、人間の信仰は、「アニミズム→多神教→一神教」と「進化」していったとしている。

アニミズムは、ありとあらゆるものに精霊や神は宿るという発想で、その延長線上に、八百万《やおよろず》の神々を崇拝する多神教がある。そして、一神教であるキリスト教やイスラム教などからみれば、現世利益のみを追い求める多神教は、迷信に満ちた、野蛮で、発展途上の信仰とみなされたのである。

ちなみに一神教は、唯一絶対の神を祀るが、他の民族の神にはかかわらない「民族的一神教」と、「世界には、神はひとつしか存在しない」と信じ、他の神々を否定する「普遍的一神教」とが存在する。ユダヤ教が前者、キリスト教やイスラム教が後者だ。

ならば、われわれ日本人は、野蛮な信仰を継承してきたのだろうか。

見方を変えてみよう。多神教は、緑豊かな場所で守られてきた。これに対し、一神教が、乾燥化、砂漠化とともに生まれ、発展したことが、科学的に証明されている。ここに大きな意味が隠されている。

紀元前一二〇〇年ごろ、西アジアは気候変動に見舞われた。砂漠の民が乾いた土地で星空を眺め、観念的な信仰に結びついていったと考えられもしていたが、実際には、もっと深刻な理由があったはずだ。誰が好きこのんで砂漠に住むだろうか。砂漠の民は、「豊穣を約束された場所に暮らすことができなくなった」のであり、追いだされたのだ。つまり、恨《うら》みを抱いた人びとであった。

そして、復讐心を正当化するための「正義」を求めたにちがいない。これが、一神教の深層ではないかと思われる。事実『旧約聖書』には、復讐、怒り、絶滅、殺戮《さつりく》という言葉が頻繁《ひんぱん》にあらわれる。少なくとも、多神教から一神教への変化は、従来に考えられていたような「進歩」ではなさそうだ。

「自覚のない信仰心」の源流

われわれ日本人は、多神教世界の住民である。多神教はかつて、低俗で野蛮な信仰と見下されていたし、日本人自身も卑下《ひげ》していたものだが、しだいに「多神教でいいではないか」という考え方が大きくなってきたように思う。

久保田展弘《くぼたのぶひろ》は、『日本宗教とは何か』のなかで、日本人の信仰の原点を縄文《じょうもん》時代に求めているが、その縄文人の信仰を知るために、アイヌの信仰に注目している。

アイヌの人びとは初対面の相手に、「イ　ラン　カラプ　テー」と挨拶《あいさつ》し、語りかけるという。その意味は、「あなたのこころにそっと触れさせていただきます」だそうだ。このやさしい人びとの信仰が、アニミズムであり、多神教であった。

アイヌの人びとにとって、日常と非日常のあいだに境目はほとんどなく、神の世界はすぐそばにあって、神は人と同じように喜び、怒り、悲しんだ。「霊」は、この世とあの世を往復し、誰にも「憑神《つきがみ》」が寄り添っていたという。神＝カムイは、太陽や月、星、海、山、川、樹木、動物など、あらゆるものに宿ると信じられていた。

イオマンテ（熊送り）というアイヌの祭祀が知られている。子熊を人間と同じように可愛がり、一年か二年育て、殺し、その熊の魂をカムイ・モシリ（神の国）に土産を持たせて送り返す。こちらの世がいかに楽しく豊かな場所なのか、神の国の熊にも教えてやり、熊がこの世にたくさん戻ってくることを祈る祭祀である。

いっぽう、一神教世界では、神がすべてを創造し、支配していると考える。神の子としての人間は、自然を支配し、思いのままに家畜を飼育する。だから、熊の魂を神の国に返し、また戻ってきてくれるように祈るようなことはしない。一神教と多神教の生き方に、決定的な差が生まれる。

ちなみに久保田展弘は、つぎのように指摘している。

神さまのことをいうカムイとカミ、あるいは超能力のある人のことをいうピトや、霊・魂のことをいうタマなど、われわれに身近な精神世界に属する言葉とアイヌ語の共通点は、その文化の根底に深い関わりのあることを想像させる。（久保田展弘『日本宗教とは何か』）

このように、われわれは知らずしらずのうちに古い文化を継承していたのではあるまいか。いまの日本人は「自分たちは信仰をもっていない」と信じているが、筆者の知る西洋人にいわせると、日本人は「揺らぐことのない核（コア）」を持っているように見えるらしい。

また久保田展弘は、つぎのように述べている。

私は、アイヌの人々が生活感覚の中にもちつづけてきた縄文的思考原理と呼べるその精神世界に、むしろ自分の記憶の底にある筈《はず》の、感性のルーツが求められる気がしてならないのだ。

そして宗教というものを、その教理が文字によってきちんと整えられたものととらえがちな、多くの認識から見れば、アイヌの本来的な宗教は、宗教以前の宗教ということになるだろう。しかしだからこそ、これが宗教のルーツなんだということができる。（久保田展弘『日本宗教とは何か』）

そのとおりであろう。日本人は自覚のない信仰心を抱いているのであって、それは、意識できないほど、深い心理に焼きつけられているからにちがいない。おそらく、遠い縄文時代の記憶ではあるまいか。

「弥生化《やよい》」の実態

日本人の信仰というと、弥生《やよい》時代以降の稲作民族の宗教と考えられてきたものだ。たとえば堀一郎《ほりいちろう》は、『日本の宗教』のなかで、「日本の民衆を久しきにわたって規制してきた信仰や儀礼や習俗の根幹、——おそらくそれは農耕生活の開幕とともに漸次《ぜんじ》形成されてきたものと思われる」と述べている。しかし、一万年続いた縄文時代の習俗は、その後の信仰の深層にとどまっているのではないかと、しだいに考えられるようになってきた。

ならば、縄文人やアイヌの人びとの信仰は、「神道」とは、どのようにつながっていたのだろう。結論から先にいってしまえば、縄文人の信仰が弥生時代、古墳時代の人びとにつながり、それどころか、現代日本人も、縄文的な感性を継承しているということである。

問題となるのは、縄文以来続く民俗信仰と「神道」とが、どのように重なっているのかである。

そこでまず、縄文時代にまつわる古い常識を、払拭《ふっしょく》しておこう。縄文時代、狩猟民は土地に定着せず、原始的な生活を送っていたと考えられていた。しかし、三内丸《さんないまる》山《やま》遺跡（青森県青森市）などの発見によって、縄文人の高度な文化がしだいに明らかになってきた。

同様に、縄文時代から弥生時代への移り変わりも、急激で劇的な事件と考えられてきた。北部九州に上陸した渡来人が、あたかも日本全土を席捲《せっけん》したかのように信じられていたこともあった。ところが、炭素14年代法によって、稲作や農耕は伝わってからかなり長い時間を経て、東へと伝播していたことがわかってきた。大陸では早い段階で農耕が発達していたのに、縄文人たちは、なかなかこれを受けつけなかったのである。

また、早々に「弥生化」していった地域の多くも、「弥生系集団」がたちどころに征服したのではなく、土着の「縄文系集団」が「弥生化の主体」となっていた可能性が高くなっている。

わかりやすい例に、縄文時代の「石棒《せきぼう》」（結晶片岩製大形石棒《けつしょうへんがんせいおおがたせきぼう》）がある。縄文の石棒は、弥生時代前期になっても継承されていく。ところが、石棒を尊重したのは「縄文系集団」ではなかったというから興味深い。

たとえば近畿地方では、「縄文系集団」は土偶《どぐう》に固執し、かたや「弥生系集団」は、縄文系の石棒（結晶片岩製大形石棒）を崇拝することによって、「縄文系集団」と「弥生系集団」は、共存の道を探っていたようなのだ。

その後、九州から瀬戸内海にかけての「銅剣《どうけん》・銅矛《どうほこ》文化圏」、近畿地方を中心に

「銅鐸文化圏」が形成されていくが、弥生的な祭器具への切り替わりはいっせいに起きている。しかも、それぞれの文化圏で、以前から共通の祭祀をおこなっていた地域なのではないかと疑われている。

というのも、列島西部の東半では「大形石棒」が珍重され、かたや列島西部の西半で「有柄式磨製石剣《ゆうへいしきませいせっけん》」が盛行し、この巨大な二つの文化圏が、「銅鐸」ＶＳ「青銅製武器型」という、二つの祭器文化圏にそっくり移り変わっていったからである。

弥生時代の到来とともに、青銅器による祭祀が主流となり、縄文時代と弥生時代には大きな断層があって、文化は隔絶《かくぜつ》したものと考えられてきた。

しかし実際には、祭器具の流行を見ると、「縄文的なもの」と「弥生的なもの」が反復、回帰、揺りもどしと、循環しながら盛衰を繰りかえし、縄文的な文化を内在しつつ、しだいに弥生的なものに変化したと考えられるようになった。

また、弥生時代の到来とともに消滅した印象の強い土偶だが、実際には、姿を変えて生き残ったようなのだ。たとえば、四国や中国地方で見つかる弥生時代の分銅形土製品《せいひん》は、近畿地方の縄文時代晩期後半の台式土偶（長原《ながはら》タイプ土偶）の流れをくむ。

小林青樹《こばやしせいじ》は、『縄文時代の考古学11　心と信仰』のなかで、興味深い指摘をしている。縄文から弥生への移行をバケツ・リレーに見立て、完全な移行という終着点に行きつくまでに、なんと弥生時代全体の三分の二にあたる、長い期間を費やした。炭素14年代法によれば、北部九州の板付《いたづけ》遺跡で前八〇〇年ごろ弥生文化が成立したが、大阪では前六〇〇年、奈良で前五〇〇年、中部で前四〇〇年、関東で前三〇〇年から前二〇〇年ということになる。それはなぜかといえば、縄文文化側に弥生文化のイデオロギーを受けいれない「縄文の壁」があったからだとする。しかも、この「壁の存立基盤」は「伝統的な祭祀」だというのである。

このように、弥生時代の到来とともに、土着の縄文人や縄文文化はいっせいに駆逐《くちく》されたわけではなく、「弥生化」は「縄文集団が主体」だったのであり、縄文的な祭祀形態も、弥生化の過程で消滅したのではなく、根強く生き残っていったことがわかる。

豪奢な副葬品の意味

弥生時代は縄文人がつくった……。そして、縄文的な信仰は、まったく消えてしまったわけではなかった……。とすれば、古墳時代の祭祀のなかにも、縄文人的な発想は盛りこまれていたのだろうか。

ヤマト建国を象徴するのは、前方後円墳の造営である。では、なぜ三世紀から七世紀初頭まで、日本列島に五二〇〇基もの前方後円墳が造営されたのだろう。

近藤義郎《こんどうよしろう》は『前方後円墳の時代』のなかで、前方後円墳は「首長霊」を継承する祭りの場と指摘した。祖霊から引き継いできた霊力を、新しく立つ首長が受け継ぐというものだ。

しかも、ヤマト連合の祖霊を頂点とするヒエラルキーのなかで、祖霊たちは層をなし、ヤマトの王とのあいだに擬制《ぎせい》的な同祖同族関係を形成したという。これが前方後円墳と首長霊祭祀の定説となった。

これに対し、広瀬和雄《ひろせかずお》は『前方後円墳国家』のなかで、興味深い問いを投げかけた。亡くなり、抜け殻《がら》になってしまった遺骸に、なぜ多種多様な威信財や権力財を副《ふく》葬《そう》したのか。抜け殻になった遺骸を埋《う》めるために、なぜ多大な労力を費やし、巨大な墳丘を用意する必要があったのか、というのだ。

そして広瀬和雄は、副葬品に注目し、それらが共同体を再生産させていく必需の物資であること、亡き首長の再生にかかわっていたことを指摘し、ここから、「死した首長にもうひと働きしてもらおうとの、生きている人びとの強い意志」を読みとった。亡き首長に託された「もうひと働き」は、人智がおよばない天変地異や自然災害の予防だとし、つぎのように述べている。

前方後円墳は〈死した首長がカミとなって再生するための舞台装置〉であった。それは共同体の再生産が念じられた場であった。（広瀬和雄『前方後円墳国家』）

広瀬和雄の主張も、もっともなことだと思う。しかし、祟る神（鬼）や天変地異を鎮《しず》める力をもつのは原則的に女性（巫女）であった。少なくとも古代人は、そう考えていた。祟る神を和《なご》ますことができる力を、女性は持っていた。のちに詳しく説明するが、亡くなった先代の首長も、親族の女性（巫女）を通じて、祖神とつながっていたのである。

ならば、なぜ前方後円墳に豪奢《ごうしゃ》な副葬品を埋めたのだろう。その理由のヒントは、アイヌのイオマンテからも得られるのではあるまいか。つまり、先代の首長の魂の再生を願うといっても、それは「あの世でもうひと働きしてもらう」のではなく、もっと単純に、「あの世」に生まれ変わってもらうためであり、さらに、いずれふたたび「この世」に再生することを願う意味がこめられていたのではないかと、思う。

死ねば無になると考える現代人には想像がつかないかもしれないが、古代人にとって、「あの世」も現実の世界の一部だった。

縄文人も祖先を祀っていた

祖霊を敬う祭祀は、すでに縄文人が始めていた。

縄文時代前期に、集団墓が形成され、しだいに死者を「あの世」に送る儀礼が発達し、体系化されていく。ムラの中央に集団墓を設ける例があるように、縄文人は

「死」を忌避《きひ》していないし、死者を大切に葬っている。

であるから、祖先祭祀も、すでに縄文時代に始まっていた可能性が高い。谷口康浩《たにぐちやすひろ》は、多くの考古学者の推論をまとめた結果、それが縄文中葉から後葉にかけて始まり、とくに後期・晩期に多くあらわれただろうと推論している。

『縄文時代の考古学11 心と信仰』のなかで谷口康浩は、祖先祭祀を確認するために必要なのは、「モニュメント」、「シンボル」、「行為」の形式を見極めることとして、そのうえで、縄文時代最大の石製品である大形石棒と環状列石に注目している。

中期から晩期にかけて、多くの縄文遺跡から、大形石棒は石皿《いしざら》と対になって出土する。これが性交隠喩《いんゆ》の表現とみなされ、しかも、祖霊祭祀の象徴であり、神霊の生殖力をあらわしているという。

大形石棒は、おもに竪穴住居と墓地から出土する。竪穴住居の場合、住居の奥や炉《ろ》のあたりに立てて祀られていた様子がうかがえ、あるいは廃屋で石棒を燃やし、壊していた。墓地の場合、配石遺構から出土する。

そこで谷口康浩は、「大形石棒の祭儀が家や家系、葬制や墓地での祭儀と関係していることは間違いなかろう」とした。なぜ石棒なのかといえば、生殖力のある聖なる棒は、死者を先祖の世界に蘇《よみがえ》らせる力を持っていると考えたからである。そして、「家系を守り死者を再生させる力の主と信じられた神霊とは何か。筆者はそれを祖霊観念」と結論づけた。

前方後円墳に、大量の銅鏡《どうきょう》が副葬されていたことは、中国から伝わった文化のあらわれであり、日本の伝統とはかけ離れている。しかしその一方で、「祖神を祀る」という宗教観は、縄文時代から連綿と引き継がれた信仰であり、これに道教などの新しい「意味づけ」が加わって、新たな埋葬文化が生まれたと読みとくことができる。

中国や朝鮮半島からつぎつぎと押し寄せる文物を前に、われわれ日本人の先祖たちは圧倒されつつも、「揺らぐことのない核（コア）」が、守られつづけたのではなかったか。これが、日本人の「神祇祭祀」（あえてここでは「神道」とはいわない）の、深層を流れる伏流水ではなかろうか。

そして、この「自覚のない信仰心」は、現代人の潜在意識のなかにも、しっかりと刻まれている。

生き残った「神道的発想」

「日本人の信仰の最たるものは何か」と問われたとき、「伊勢神宮の清らかさ」をあげる人は多いだろう。しかし前述のように、伊勢神宮は新しく道教的な思想によって組み立てられ、しかも、天平《てんぴょう》時代の唐文化に傾斜した社会の雰囲気が色濃く反映したものであることがわかっている。いっぽう、「揺らぐことのない核（コア）」である神祇祭祀の精神は、守り継がれてきた。

奈良時代以降、「神仏習合《しんぶつしゅうごう》」という現象が起きていて、近世にいたるまで神道と仏教が混淆《こんこう》していた。そのなかで興味深いのは、一見して仏教が神道を圧倒していたかのようにみえて、意外にも「神道的発想」は、かたくなに守られたことだろう。

さて、神仏習合の端緒《たんしょ》は、天皇みずからがつくりあげている。『続日本紀《しょくにほんぎ》』天平神護《てんぴょうじんご》元年（七六五）十一月二十三日の称徳《しょうとく》天皇の宣命《せんみょう》に、「神等《かみたち》をば三宝《さんぼう》より離《さ》けて触《ふ》れぬ物そとなも人《ひと》の念《おも》ひて在《あ》る」とある。すなわち、「神々を三宝（仏教）から引き離し、触れぬものとみな思っている」というが、「しかし……」と続ける。

しかし、経典を拝見すると、仏法を守り尊敬しているのは神々であることがわかる。だから、出家した僧も白衣《しろきぬ》の人（俗人）に混じり神に仕えるのは、差しつかえないと思う。忌《い》まないで（慣例を破り）、大嘗の行事は執りおこなわせる。

天皇、神道、どちらにとっても、もっとも大切な行事である大嘗祭に、はじめて仏僧が参加することになった。

ここに、神道をめぐる大きな謎がある。もし、これまでの常識どおり、神道が「天皇の神聖性を証明するための宗教」、「天皇の統治を正当化するための宗教」の意味を担っていたとしたら、なぜ天皇みずから、神道の根幹を揺るがすような行動に出たのだろう。しかもこののち、神道と仏教は実際に融合していってしまうわけである。

宣命をおこなった称徳天皇といえば、怪僧と伝えられる道鏡《どうきょう》を寵愛《ちょうあい》し、あろうことか即位させようとしたことで知られる。ならば、大嘗祭に僧を招き入れたのは、通史がいうように、色に溺《おぼ》れた女帝のご乱心だったというのだろうか。それだけで片づけられるとは、とうてい思えない。

称徳天皇はいったい何を考えていたのか——結論だけをいってしまえば、「抵抗」のあらわれだったのではないか。

八世紀初頭、律令制度は完成し、そのとき神道も「律令神道」に改変された。斎部広成が「中臣氏は神祇官を牛耳り、中臣氏だけがおいしい思いをしている」と憤慨《ふんがい》したように、天皇家の外戚《がいせき》となった藤原氏は、天皇を操り、律令を思いどおりに作成、運用し、太政官を独占支配し、神祇官を同族の中臣氏にゆだねることによって、祭政ともに盤石な体制を敷いた。

奈良時代の悪夢は、「藤原氏だけが栄える世のなか」が出来《しゆつたい》したことであった。「神道」は、「天皇家のための宗教」でも、「民衆のための宗教」でもなく、一部の氏族が独裁権力を握りつづけるための道具になってしまっていたのだ。だから称徳天皇は、藤原氏のための神道を破壊し、再構築する野望を抱いたにちがいない。

このとき、各地の神社で祀られる神々も、「もう神でいることに疲れた」と、神託を下すような事態におちいる。神々が「仏に帰依《きえ》したい」という。

それは、律令の徴税システムに神社のネットワークが利用されることで、神道が制度疲労を起こしていたためであろう。こうして各地の神社が、その役割を放棄しようと思いついたことで、神仏習合は加速度的に広まっていった。
ただし、だからといって、こののち仏教が神道を凌駕《りょうが》していったのかというと、それは大きな誤解だろう。

神祇祭祀と「神道」

そもそも神仏習合といっても、ゆるやかであいまいな結びつきであって、「融合」といえるようなものではない、とする説がある。たとえば堀一郎は、つぎのように指摘している。

神道と仏教は複雑多岐な習合を遂げたといわれる。しかし、その習合は真にシンクレティズムとよぶべきものではなかった。……（中略）……神仏の習合はいずれの面でもきわめてルーズな形でしか行なわれず、教理的にも儀礼的にも体系化の道はたどらなかった。（堀一郎『聖と俗の葛藤』）

また久保田展弘は、日本人の信仰がなくならなかったことを指摘している。

仏教は伝来以来、在地の宗教儀礼へさまざまの象徴的なテクノロジーを駆使することによって関わってきたが、これは、長い神仏習合の時代を通じても、完全な仏教化をまねくには至らなかった。それは、儀礼修法《しゅほう》としての仏教の威力は発揮されても、日本の宗教風土がつねに、その地が本来もっている神話を復活させようとする磁力をもちつづけていたからである。しかも、修験道は、日本各地において、仏教、とりわけ密教論理を発揮しながらも、同時に、特有の神仏習合思想によって、その地の神話をも復活させてきたのである。（久保田展弘『日本宗教とは何か』）

つまり、こういうことではなかろうか。

日本人の民俗信仰の深層には、縄文以来継承されてきた、アニミズム的発想が隠されている。国家の体裁が整い、支配者が、「国を統治するための宗教」を形づくり、その儀礼が日本各地で認知され、同じような信仰形態が共有されていった。

その後、律令制度の完成とほぼ同時に、神祇祭祀は藤原（中臣）一族に支配され、古き伝統は破壊された。こうしてつくられたのが「神道」の正体であり、伊勢神宮を見れば、伝統的な信仰の上に、非日本的な様式が重ねられているのがわかる。

また、「新たな神道」に対する違和感から、神仏習合が進み、一見すれば、日本は仏教的な思想に彩られていったかのように思えるが、実際にはそれは「形だけ」であり、仏教でも神道でもない「三つ子の魂」が、脈々と生きつづけてきたということであろう。藤原氏が表向きで神道を改変しようとも、神仏習合が進もうとも、日本人は日本人の信仰を捨て去ることはできなかったのである。

そこで問題となるのは、神道が改変される以前の「ヤマトの神道」、「古墳時代の神道」がどのようなものだったのか、それは再現できるのか、ということだ。そして、その「ヤマトの神道」は、どこまで「日本的だったのか」あるいは「日本的ではなかったのか」、その真相を突きとめたいのである。

では、そのヒントをどこに求めればよいのだろう。

藤原氏がひとり勝ちし、天皇家はそれによってコントロールされ、その他おおぜいの氏族は零落した。藤原氏は、『日本書紀』を編纂し、都合の悪い事実を葬《ほうむ》り去ると、神話に手を加え、王家の祖神の正体を抹殺しながら、もともと祀られていた本当の神をすりかえた。ヤマト建国から七世紀にいたる歴史は、謎に包まれたままになってしまった。神道が改変される以前の神祇祭祀の実像は、藪《やぶ》のなかにある……。

前置きが長くなったが、こうした状況のなかで、神祇祭祀の実像を何とかして掘り起こしてみようという試みが、本書のテーマである。

ならば、古くからの豪族、零落した氏族たちはどのような神を祀っていたのか。彼らはその氏神を祀る神社で、何を主張しようとしていたのか。そのような神社の成り立ち、祭祀、伝承、祭神などに耳を傾けることで、『日本書紀』にはない事実が、飛びだしてくるかもしれない。

第一編　ヤマト建国の立役者となった氏族たち

第一章　出雲国造家《いずもこくそうけ》——出雲大社

今日まで続く出雲国造《いずものくにのみやつこ》の謎

神話に出てくる「出雲神《いずものかみ》」は、タカマノハラ（高天原＝天上界）の敵だ。天神《あまつかみ》に「邪《あ》しき神」と罵《ののし》られている。そして天神は、出雲神がつくりあげた領土である「葦原《あしはらの》中国《なかつくに》」を奪ってしまう。これが有名な「出雲の国譲り神話」だが、本来は敵対していたはずの出雲神を、天皇家はなぜか丁重《ていちょう》に祀《まつ》っている。

出雲国造家《いずもこくそうけ》の祖・アメノホヒ（天穂日命《あめのほひのみこと》）は、タカマノハラから地上界に遣《つか》わされ、「出雲の国譲り」の下準備を命じられていた。ところがアメノホヒは、イヅモ（出雲）に同化してしまい、復命しなかった。いわば裏切り者だった。

にもかかわらず、「出雲の国譲り」が完遂《かんすい》されたあと、なぜかアメノホヒは、この国をおさめる国造《くにのみやつこ》に任命されている。それだけではない。八世紀初頭に律令制度が整えられ、諸国の国造は、新しい役職である郡司《ぐんじ》や国司《こくし》に入れかわったのに、なぜか「出雲国造」は生き残り、今日にいたった。

そして、神道界では、天皇家と対峙《たいじ》するかのような存在として認識されている。先日、この出雲国造家の末裔が、高円宮家《たかまどのみやけ》の王女と婚約した。国民の多くは驚かれたかもしれないが、皇室と出雲国造家の深い関係を知れば、なんら不思議はない。

出雲国造家は中世になって、千家《せんげ》家と北島《きたじま》家に分かれたが、ともに今日まで命脈を保ち、出雲大社本殿の左右にそれぞれ大きな屋敷を構えている。そして、いまだに旧出雲国領ともいえる島根県東部では、絶大な権威を保っているのだが、アメノホヒの末裔《まつえい》だけが、なぜしぶとく生き残ることができたのだろう。

アメノホヒは、アマテラス（天照大神《あまてらすおおみかみ》）の第二子で、その兄が、天皇家の祖神《そしん》・アメノオシホノミミ（天忍穂耳尊《あめのおしほのみみのみこと》）である。この神話上の系譜を信じるなら、天皇家と出雲国造家は、ミウチだということになる。それゆえに、アメノホヒの裏切りは許され、イヅモの支配を永久的にゆだねられたというのだろうか。

さらに巨大だった出雲大社本殿

出雲神話や出雲国造家が謎めいているのなら、出雲大社も謎めく。平安時代の『口遊《くちずさみ》』に、「雲太《うんた》、和二《わに》、京三《きょうさん》」という言葉がある。出雲大社がいちばん大きく、大和の大仏殿、京都の大極殿《だいごくでん》がこれに続くというものだ。

その本殿は、現存のものでも十分に巨大だが、平成十二年（二〇〇〇）四月、境内で巨大木柱（宇豆柱《うづばしら》）の跡が発掘された。その後、さらに巨大な遺構が見つかる。これは、鎌倉時代の遷宮時の建物であり、宇豆柱は、直径一二五〜一四〇センチにおよぶ杉の木を三本束《たば》ねてひとつの柱にするという、常識では考えられない太さだった。断面積は、現存する本殿の柱の五倍である。

柱の大きさから逆算すれば、想像を絶する高層神殿が屹立《きつりつ》していた可能性が高くなる。現在の本殿の高さは八丈《じょう》（二四メートル）だが、中古《ちゅうこ》でも倍（十六丈）、上古《じょうこ》はさらにその倍（三十二丈）の高さがあったという記録がある。

これまでも、巨大木柱を三本束ねた図面が、『金輪御造営差図《かなわのごぞうえいさしず》』として出雲国造家に残されていたのだが、その巨大性を荒唐無稽《こうとうむけい》な神話世界の話と笑う人も少なくなかった。それが、発掘調査によって、現実味を帯びてきたのである。

それではなぜ、これほど巨大な神殿が建てられたのか。

『日本書紀』の国譲り神話は、「正義は天神側にある」といいたいが、おそらく奪った側にやましい心があったのだろう。それで、出雲神を丁重に祀る必要性ができたのにちがいない。

『古事記』には、つぎのように記されている。

天《あま》つ神御子《かみみこ》が天つ日継《ひつ》ぎを伝えられる天の住居のように、底津石根《そこついわね》の上に宮柱《みやばしら》を立て、高天原に千木《ちぎ》を高くそびえて祀っていただければ……。

出雲神であるオオクニヌシ（大国主神《おおくにぬしのみこと》）が「葦原中国」を天神に献上する条件として、大きな宮を求めたのである。「底津石根」とは、大きな岩のことである。その上に巨大な柱を立て、屋根の千木が、タカマノハラに届くくらい高く……と要求し、天神たちはそれに素直に応じた。

このくだり、『日本書紀』では、タカマノハラの支配者タカミムスヒ（高皇産霊尊《たかみむすひのみこと》）が、「大きな宮をつくってやろう」といい、やや横柄《おうへい》に描かれている。その一方で、出雲国造家に伝わった『出雲国造神賀詞《いずものくにのみやつこのかむよごと》』には、「出雲神に媚《こ》びた」というニュアンスがあり、また『古事記』垂仁《すいにん》天皇の段は、出雲神の祟りを鎮《しず》めるために出雲大社が建立されたと記録している。はたして、どれが真実に近いのか。

東のイセ、西のイヅモ

出雲大社は、かつて杵築大社《きづきのおおやしろ》と呼ばれていた。それが建てられた場所は、いまでこそ観光の拠点だが、古代は出雲郡の西のはずれであり、しかも、周囲を湿地帯や砂《さ》洲《す》に囲まれた不便な場所だったようだ。お世辞にも、中心地とはいえない。

出雲国造家も当初は、出雲の東側、意宇《おう》（島根県松江《まつえ》市）に拠点を構え、どちらかといえば、意宇川上流の熊野《くまの》大社を大切に祀っていた。だからだろうか、出雲大社は、熊野大社よりも格が下だった。

謎はまだいろいろある。

出雲大社本殿。天に千木を高く上げている

本殿内部の御神座は、
正面から見て左側を向いている

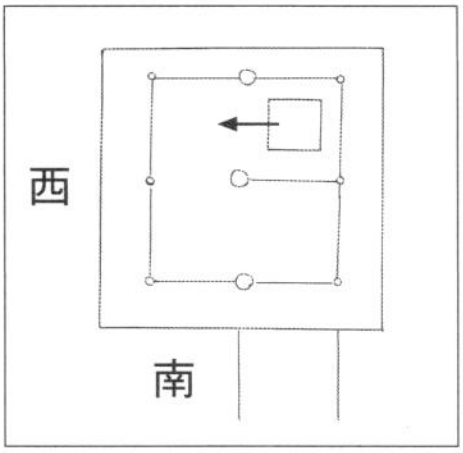

熊野大社の鑽火殿

出雲大社の祭神がオオクニヌシであるということは誰もが知っているが、スサノヲ（素戔嗚尊《すさのおのみこと》）を祀っていた時代もあった。

平安時代初期に編まれた『先代旧事本紀《せんだいくじほんぎ》』には、「建速《たけはや》素戔嗚尊は、熊野と杵築の神の宮に鎮座する」と記される。つまり、当地の熊野大社と出雲大社に祀られていたのは、スサノヲといっている。以後、中世から近世までの文書において、「祭神は素戔嗚尊」と記録され、いまも残る寛文《かんぶん》六年（一六六六）の銅鳥居の銘文《めいぶん》にも、やはり出雲大社の神が素戔嗚尊と明記してある。

十七世紀末になって、祭神はオオクニヌシに入れかわり、十八世紀半ば、本殿とは別に、その背後にスサノヲを祀る素鵞社《そがのやしろ》が建てられた。長い期間、出雲大社の祭神は、スサノヲだったのだ。

それに、出雲国造家は、なぜかことあるたびに出雲大社の祭神をこのスサノヲに戻そうと働きかけてきたというのである。この話は、出雲のとある神職に聞いた。

出雲大社の謎は、これだけではない。その本殿は、他の神社と同じように南面し、入り口も南にとられており、われわれは南側から拝んでいる。しかし、内部にある祭壇は西に向けられている。つまり、祭神は「西面」しているのである。この異例が大きな謎で、古くからその理由が諸説入り乱れてきた。

東国に目を転じると、鹿島《かしま》神宮（茨城県鹿嶋市）は、出雲大社の逆、祭神は「東」を向いている。そこで、鹿島神宮は北東の蝦夷《えみし》に睨《にら》みをきかし、かたや出雲大社は南西の敵を想定しているという説がある。その場合は、朝鮮半島を睨《にら》んでいるのではないかともいう。

出雲国造の千家尊統《たかむね》は、このことについて、『出雲大社』のなかで、オオクニヌシには海の彼方の常世《とこよ》からやってきたという信仰があって、西からやってくる竜蛇《りゅうだ》を大切にする風習につながり、そのため神殿は西を向いていると説明している。

もっとも本殿の内部構造も謎なのだが、出雲大社そのものが、「西」を意識していた可能性も高い。

『日本書紀』では、最初大己貴神《おおあなむちのかみ》（オオナムチ＝オオクニヌシ）を祀る宮を「天日隅宮《あまのひすみのみや》」と呼んでいる。これを「日の沈む西の隅の宮」の意であるとした、西郷信綱《さいごうのぶつな》の有力な説がある（『古代人と夢』）。

また、『日本書紀』垂仁天皇二十五年三月十日条には、アマテラスがヤマトヒメ（倭姫命《やまとひめのみこと》）に向けて、伊勢国を「傍国《かたくに》の可怜《うまし》国なり」といい、ここにとどまりたいと告げ、アマテラスを祀る社が建てられたと記されている。これが伊勢神宮なのだが、「傍」は「隅」と同義であるから、この場合、ヤマト（日《ひ》の本《もと》）から見て、イセの地が「東の果《は》て」となる。

するとと、観念上は、イセのさらに東の先にあるのは常世であるから、これとは逆に、イヅモの西の先には、根国、つまり死者の国があるとも考えられる。

大和岩雄《おおわいわお》も、このように伊勢神宮と出雲大社は対になっていると考え、つぎのように述べている。

朝日・夕日が日照《ほで》る地ヤマト、そのヤマトの地に坐《いま》す天皇（日《ひ》の御子《みこ》）は、天つ神の代表伊勢神宮と、国つ神の代表出雲大社の神に守られていると観念されていた。

（大和岩雄『神社と古代王権祭祀』）

なるほど、たしかに、東の伊勢神宮と西の出雲大社は、神話の世界を現実の世界にわかりやすく配置したかのような関係になっている。その分析どおり、八世紀の段階で、イセとイヅモはペアで考えられていたことだろう。けれども、だからといって、「出雲神話のすべてが観念的」と、決めつけるわけにはいかない。イヅモは、現実の歴史のなかで、たしかにそこにあったからだ。

東から西への流れ

かつて、「出雲の国譲り神話」は、観念上の創作、「絵空事《えそらごと》」と考えられていた。神話に登場するような「天神も手を焼いたイヅモ」など、どこにもなかったと信じられていた。ところが、発掘調査が進むと、かつての常識は覆《くつがえ》されてしまう。

昭和五十九年（一九八四）に荒神谷《こうじんだに》遺跡（島根県出雲市斐川《ひかわ》町）が発見され、大量の青銅器が見つかってから、山陰地方において、古代史の常識を揺るがす大きな発見が相次ぐ。考古学的には「過疎地帯」と見すごされてきたこの地方に、巨大な勢力が実在していた可能性が高くなった。

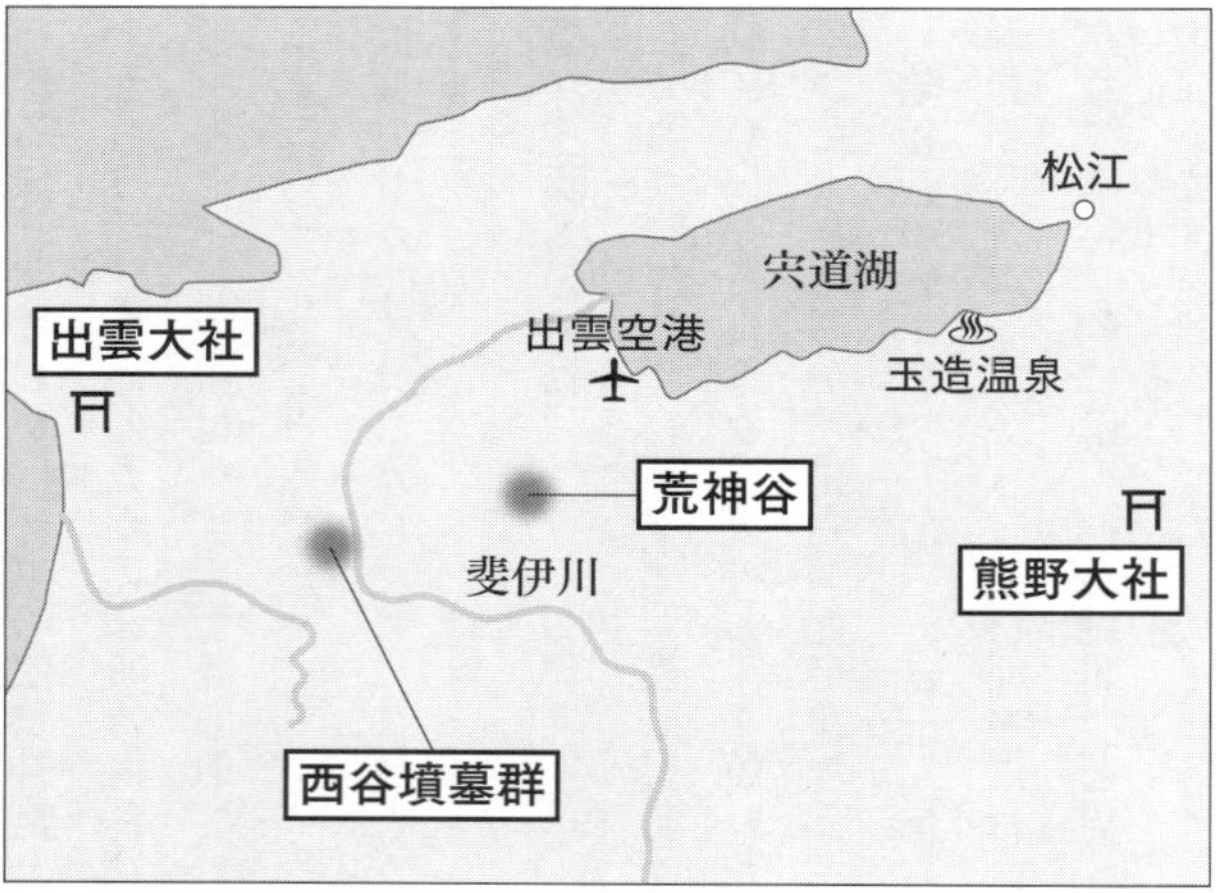

イヅモの代表的な遺跡

荒神谷遺跡
イヅモの存在を世に知らしめた

西谷墳墓群の四隅突出型墳丘墓。右手前に見えるのが突出部分

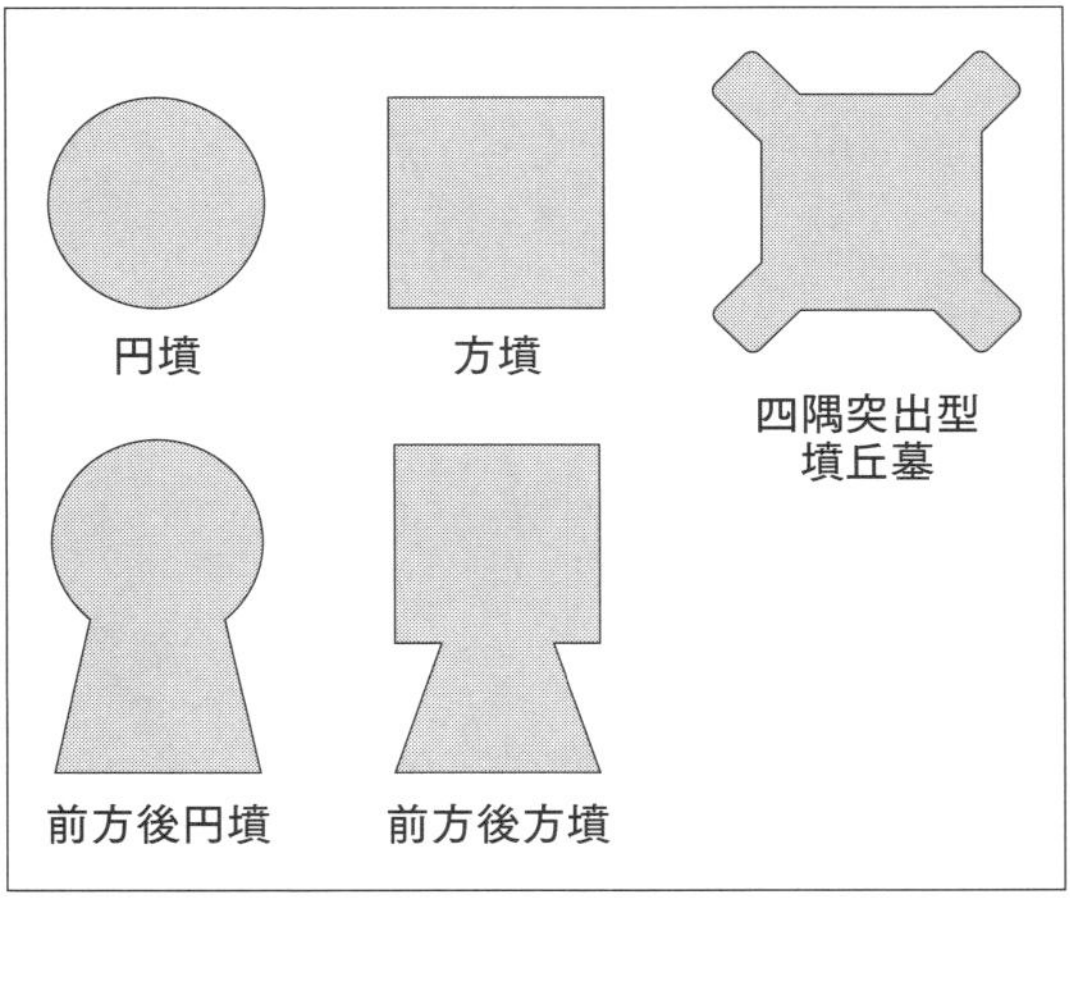

さまざまな古墳の形から、地域性と勢力図を読みとくことができる

また、弥生《やよい》時代後期には、巨大な「四隅突出型墳丘墓《よすみとつしゅつがたふんきゅうぼ》」が出現している。その代表例が、斐伊川《ひいがわ》に臨む地に築かれた西谷墳墓群《にしだに》（島根県出雲市）である。この新たな埋葬文化は、日本海を伝って北陸地方に伝播《でんぱ》しており、この地に強い首長（王）が生まれていたことがわかるだろう。古墳時代の黎明期《れいめい》まで、山陰地方には、侮《あなど》ることのできない勢力が存在したのである。

ヤマト建国の詳細が明らかになるにつれ、イヅモの存在感は、ますます高まってきた。三世紀のヤマトの中心、纏向《まきむく》遺跡（奈良県桜井市）には、各地から人びとが集まり、政治と宗教に特化された都市が誕生していたが、そこで発掘された土器のなかにも山陰系のそれが含まれていた。さらに、纏向で生まれた前方後円墳の側面を覆《おお》う葺《ふき》石《いし》は、イヅモの四隅突出型墳丘墓の貼石《はりいし》の影響を受けたのではないかとも考えられている。

弥生時代後期は戦乱の時代だった。ところが、ヤマト建国後、平穏を取りもどした。なぜ人びとはヤマトに集まり、戦乱を収拾したのだろう。

そして、もうひとつの大きな謎は、弥生時代の最先端地域だった北部九州が、ヤマト建国に乗り遅れていたことだ。鉄器の保有量ならば、この地が群を抜いていたが、それにもかかわらず、ヤマトの文化には大きな影響を与えていなかったと思われるからである。それを証拠に、纏向に集まった土器のなかに、北部九州産のものはほとんど見あたらない。

これまでは、文物や文化の流れといえば、「西から東へ」が基本だった。ヤマトの文化も、もとをたどれば大陸や半島の影響力を強く受けた「西」に由来すると考えられていた。ヤマト建国について、『日本書紀』はそれを「神武東征」（西から東へ）として描き、邪馬台国畿内論者は、「北部九州の邪馬台国が東に移ってヤマトは建国された」と主張してきたのである。

ところが、纏向遺跡の発掘調査が示すものは、この時代の文物の流れが、その「常識」の逆、「東から西」だった痕跡《こんせき》ということになる。

それにしても、もっとも富み栄えていた北部九州が、なぜヤマト建国に乗り遅れたのだろう。

こういう見方がある。近藤喬一《こんどうたかいち》は『古代出雲王権は存在したか』のなかで、弥生時代後期の北部九州は、ヤマトの伸張を恐れるあまり、鉄器を独占するとともに、関門《かんもん》海峡を封鎖し鉄の流通を制限したという。また、そのためにイヅモに協力を求めたことで、イヅモは鉄器を得て富をたくわえ、このときキビ（吉備、岡山県と広島県東部）もおこぼれにあずかったという。

では、なぜ突然ヤマトが勃興《ぼっこう》したのだろう。なぜ北部九州の思惑《おもわく》は、破綻《はたん》してしまったのか。そして、そのときイヅモはどうしたのか……。

考古学の資料は、イヅモがヤマト建国に参画していたことを示している。その一方で、ヤマト建国ののち、なぜかイヅモは没落してしまったこともわかっている。各地で前方後円墳が採用されていったにもかかわらず、イヅモでは前方後円墳がしばらく登場していない。出雲大社の壮大さとは裏腹《うらはら》に、イヅモはまるで孤立してしまったかのように見える。これはいったいどうしたことなのか。

タニハ連合と前方後方墳

ここで、ヤマト建国のいきさつをめぐる、筆者の説を簡潔に述べておきたい。

ヤマト建国のきっかけは、「ヤマトの盆地に人びとが集まりはじめたこと」だった。奈良盆地は、周囲を山に囲まれた天然の要害《ようがい》で、とくに西側からの攻撃に強い。ひとたびヤマトに巨大な勢力が出現すれば、西側の勢力は太刀打《たちう》ちできない。だからこそ、北部九州はヤマトの伸張を恐れていたのだろう。

ところが、まるで「この指止まれ」をするかのように、纏向に前代未聞の巨大都市が出現する。そうなれば、北部九州と手を結んでいたイヅモとキビは、あわててヤマトに合流したのにちがいない。

誰がヤマト建国の端緒を開いたのかといえば、アフミ（近江、滋賀県）とオハリ（尾張、東海地方）、そして、日本海側のタニハであろう。タニハは、丹波《たんば》（京都府中部と兵庫県の一部）を中心に、丹後《たんご》（京都府北部）、若狭《わかさ》（福井県西部）にわたる広域の文化圏である。アフミ、オハリから見て、日本海側の文化・文物の玄関口の役目を果たすようになっていた。

弥生時代後期、タニハが栄えると同時に、アフミとオハリも発展し、纏向が誕生するころ、彼ら独自の墳墓の形式を完成させていた。それが「前方後方墳《ぜんぽうこうほうふん》」だ。これは、よく知られる前方後円墳ではなく、前も後ろも四角い古墳である。

この前方後方墳は、ヤマトの前方後円墳よりも早く各地に伝播《でんぱ》していて、独自のネットワークが生まれつつあった。このネットワークを、筆者は「タニハ連合」と名づけておく。

そして、アフミとオハリの人びとは、ヤマトの盆地に進出し、瀬戸内海への進出をうかがう勢力となって、西日本の人びとを驚かせる。そこで、イヅモも、キビも、「ヤマトの盆地を奪われてしまっては、たいへんなことになる」と、あわててヤマト建国に参画したにちがいない。こうして、ヤマトを中心とした巨大な勢力の出発点ができあがる。

纏向遺跡が、盆地の東南部、「東」に通じる場所につくられたのも、最初にヤマトに乗りこんだ勢力が「東」から来たものだったと考えれば、矛盾はなくなる。纏向に集まった土器が、東海地方産のものだけで半数近く、これに近江地方産のものを合わせれば過半数に達するのも、同じ理由からだろう。

ヤマトと纒向遺跡から見た周囲の勢力図

「鏡に映した表と裏」

問題は、このあとだ。なぜ、イヅモは没落してしまったのか。

ヒントを握っていたのは、出雲国造家である。天神から見れば、出雲国造の祖であるアメノホヒは、裏切り者だ。なのになぜ、その末裔が国造に任ぜられたのだろう。

新任された出雲国造が一年の潔斎《けっさい》ののち、都に出向いて奏上する『出雲国造神賀詞』には、『日本書紀』などにある神話とは違う、アメノホヒの姿が描かれている。これによると、アメノホヒは出雲に同化したのではなく、国譲りを断行した側だという。ウソをついているのは、『日本書紀』なのか、『出雲国造神賀詞』なのか……。

また、出雲大社には、気になる祭祀《さいし》がいまも伝わっている。それが「身逃《みにげ》の神事」といわれるもので、八月十四日（本来は旧暦七月四日の深夜）に執《と》りおこなわれている。国譲りの舞台となった稲佐《いなさ》の浜（出雲大社の西にある海岸）に、出雲神であるオオクニヌシの御魂《みたま》を迎え、国譲りの直後に彼を饗応《きょうおう》した故事を再現する。

これじたいは、いわゆる一般的な神幸祭《しんこうさい》のひとつであるが、問題は、このときの出雲国造の行動である。

当日、出雲大社の禰宜《ねぎ》が神幸をおこなう。オオクニヌシの供奉《ぐぶ》をするのだ。ところが、この禰宜は、出雲国造家の出身ではない。当の出雲国造は、一族の家に隠れるようにして、祭祀が終わるまで泊まっている。「身逃」というのは、この一連の出雲国造の行動から来ている。

なぜ出雲国造は、出雲の国譲りの直後、姿を隠すのだろう。この「身逃」の習慣こそ、出雲神と出雲国造家のあいだに隠された歴史を暗示していないだろうか。

出雲神の祭祀をめぐる大きな謎は、もうひとつある。

歴史時代に入っても、なぜか天皇家は出雲神を無視できなかった。出雲国造家を特別あつかいしただけではない。崇神天皇は、オオモノヌシ（大物主命《おおものぬしのかみ》）の祟《たた》りにおびえ、その子を捜《さが》しだし、オオモノヌシを祀らせている。祟りの猛威で、人口は半減したと記録されるから、よほど恐ろしかったのだろう。このオオモノヌシが、出雲神とされている。これについては、第四章の大神《おおみわ》神社のところで、ふたたび触れる。

ヤマト建国黎明期の王は、こぞって出雲神の娘を娶《めと》っている。もちろん、「神の娘」など現実にはいない。それにもかかわらず、『日本書紀』は説話のなかでも、コトシロヌシ（事代主神《ことしろぬしのかみ》）の娘・媛蹈鞴五十鈴媛命《ひめたたらいすずひめのみこと》を神武天皇に嫁《とつ》がせていたのである。コトシロヌシは、出雲神オオクニヌシの子である。

「イヅモなど、どこにもなかった」という常識は覆された以上、実在したイヅモとヤマトの関係が気になるところだろう。これに関して、天皇家の祖神と出雲神が、実際には「鏡で映した表と裏」という説がある。

上山春平は、『続・神々の体系』のなかで、『日本書紀』や『古事記』に描かれた神々の系譜に注目し、これまでになかった推論を記した。すなわち神統譜《しんとうふ》は、アメノミナカヌシ（天之御中主神《あめのみなかぬしのかみ》）を頂点にタカマノハラ（高天原系、天神の系統）とネノクニ（根国系、出雲神の系統）の二本に別れ、イハレヒコ（初代神武天皇）によって、ふたたび統合されていると指摘した。

もっともわかりやすいのは、アマテラスとスサノヲの関係だろう。神話において、アマテラスは天神の優等生として描かれ、一方のスサノヲは鼻つまみ者で、最後にはタカマノハラを追放される。とはいいながら、この両神は、ウケヒ（誓約）という秘儀をおこない、二人でそれぞれの子を生み、ここから二本の系譜が生まれていった。

ここでのアマテラスとスサノヲは、「ヒルメとヒルコ」のペアではないかとする説もある。また、スサノヲこそ、ある時期まで皇祖神と仰《あお》がれていたのではないかとも疑われている。

さらに、神武天皇が出雲神の娘を娶ったという話も、二本に別れた神統譜を一本に戻すためだったとすれば、その意味がはっきりとするだろう。

ではなぜ、王家の祖神の系譜は、わざわざ二本に分けられなければならなかったのだろう。上山春平は、これを七世紀から八世紀前半に整備された律令制度と結びつけて考える。大化改新によって古代の氏姓制度は克服され、律令制度へとステップアップする（実際には急激には変わらなかった）が、この過程が「出雲の国譲り」という神話に投影されたというのである。

しかしこの考えは、「イヅモなど、どこにもなかった」と信じられていた時代の苦肉のアイデアだったと思われる。「イヅモはそこにあった」ことを前提にすると、これだけで謎を解いたことにはならない。その一方で、新たな謎解きのきっかけになることは間違いない。

イヅモの謎は、ヤマト建国やヤマトの王家の謎だ。そして、ヤマト建国にかかわった古代豪族・氏族たちの謎でもある。彼らが残した伝承も見ていこう。きっと答えは見つかるはずだ。

第二章　物部氏《もののべ》　──石上《いそのかみ》神宮、磐船《いわふね》神社

天皇家の祭祀を支えた「物部《もののべ》の力」

石上《いそのかみ》神宮（奈良県天理《てんり》市）は、ヤマト朝廷の武器庫で、伊勢神宮と並んで『日本書紀』に登場する、重要かつ古い社である。

また、物部氏の「もののべ」は、朝廷の軍事をつかさどり、「もののふ」（武士）の語源になった。だから、物部氏と聞くと、武骨なイメージが付きまとう。祭祀者というよりも、軍事的リーダーの印象だ。

そして、物部氏で教科書に出てくる人物といえば、物部守屋《もりや》を思い浮かべる人が多いだろう。仏教導入をめぐって蘇我馬子《そがのうまこ》や聖徳太子と争い、滅びた人物として知られている。ここに登場する物部守屋は、頑迷《がんめい》な守旧派《しゅきゅうは》のイメージである。先進的な文化を積極的に取りいれようとした蘇我氏に対し、古い伝統に固執《こしつ》した物部氏という図

式が成り立っていた。

しかし、実際の物部氏は、どの氏族よりも柔軟だった。物部氏が「聡明《そうめい》」でなければ、日本の発展は望めなかった。物部氏の「献身」によって、今日の日本があるといっても過言ではないほどである。物部氏とは、それほど大きな存在であり、偉大な氏族だった。にもかかわらず、功績が伝わっていないのは、『日本書紀』によって歴史がすりかえられてしまったからに他ならない。

神武天皇が、ヒムカ（日向、南部九州）の地でヤマトをめざしたとき、すでに物部氏の始祖《しそ》であるニギハヤヒ（饒速日命《にぎはやひのみこと》）は、アメノイワフネ（天磐船）に乗ってヤマトに舞いおりていた。しかも、この事実を神武は知っていたと『日本書紀』はいう。

ニギハヤヒが乗ってきたアメノイワフネと伝えられる巨石を祀っているのが、磐船《いわふね》神社（大阪府交野《かたの》市私市《きさいち》）である。神社は、ちょうどヤマトとカハチ（河内、大阪府東部）の境を通る生駒山系《いこまさんけい》の北端に位置し、山を越えずにヤマト側へと抜けられる場所にある。

また、生駒山の西麓には、ニギハヤヒと、その子・ウマシマジ（宇摩志麻治尊《うましまじのみこと》）を

磐船神社の御神体アメノイワフネ。古代の磐座である。須田郡司氏撮影

大阪府民から「イシキリサン」と愛される石切劔箭神社。その上之宮

祭神とする石切劔箭《いしきりつるぎや》神社（大阪府東大阪市）があって、いまも変わらず大阪府民の信仰を集めている。この一帯は、物部氏やその支族の居住地のひとつだったにちがいない。

ニギハヤヒは、先住のナガスネヒコ（長髄彦）の妹を娶《めと》り、ナガスネヒコはニギハヤヒを君主と仰《あお》いでいた。ニギハヤヒは、瀬戸内海の終着点となる生駒山周辺、カハチの地を握ることで、天皇家以前のヤマトの王として君臨していた。

神武天皇が瀬戸内海を東に向かうと、ナガスネヒコは抵抗し、神武は大敗北を喫《きっ》している。じつは神武東征は、征服戦ではなく、ヤマト側の恭順《きょうじゅん》によってケリがついた。ニギハヤヒがナガスネヒコを殺して神武を迎えいれたのだ。この点、ニギハヤヒは「天皇家誕生」の功労者といえる。

その後も、ヤマトの王は祭祀に専念し、実権を握っていたのは、とりまきの豪族たちであった。その中心に、物部氏はいた。ニギハヤヒは、王権を神武に禅譲《ぜんじょう》しつつも、実権を手放すことはなかった。物部系の歴史書『先代旧事本紀《せんだいくじほんぎ》』によれば、ニギハヤヒの子のウマシマジは、朝廷で執《と》りおこなわれる儀礼が整備されようとする、ちようどそのとき、政権の中枢にあって、大活躍をしていたという。

大嘗祭《だいじょうさい》においても、物部氏は、楯《たて》を立てる重要な役割を演じている。このようなことは、他の豪族にはあり得なかったことだ。吉野裕子《よしのひろこ》は『大嘗祭』のなかで、「物部氏の祭祀そのものが天皇家によって踏襲《とうしゅう》された」と指摘する。

王家や摂関家に神道の作法を伝えてきた伯家《はっけ》神道は、物部氏の「一二三四五六七八《ひとふたみよいつむななや》九十布瑠部由良由良止布瑠部《ここのとたりふるべゆらゆらとふるべ》」（石上神宮「神拝詞《しんぱいし》」）とそっくりな呪文を唱える。旧暦の十一月に執りおこなわれる鎮魂祭《たましずめのまつり》（タマフリ祭）では、箱のなかに木綿を入れ、「一二三四五六七八九十」と唱える。

折口信夫《おりくちしのぶ》は、天皇という「容《い》れ物」に、「天皇霊」だけではなく、「大和の国の魂」が吹きこまれるといい、それは「物部の力」と指摘した。

天皇家と物部氏の絆《きずな》は深く、また、ヤマト建国、神祇祭祀と物部氏の三点は、強く結ばれている。神武東征に際し、神武の一行は熊野の山中で土地の神の毒気にあたって身動きがとれなくなってしまうが、師霊《ふつのみたま》なる霊剣を得て、精気を取りもどしている。この師霊こそ、石上神宮の祭神「布都御魂神《ふつのみたまのかみ》」だ。やはりここでも、物部氏と天皇家はつながっている。

ニギハヤヒは、名を捨て、実をとったのだろう。では、なぜニギハヤヒが神武天皇に王権を譲る必要があったのか。

なぜ物部氏は、カハチの地を選んだのか

『日本書紀』を信じれば、物部氏はヤマト建国時、すでに強大な力を獲得していたわけで、そして用明《ようめい》二年（五八七）、物部守屋一族の滅亡とともに、衰弱してしまったことになる。

ここでの物部氏の盛衰とそっくりの運命を歩むのが、前方後円墳だ。纏向遺跡に出現した新しい埋葬文化は、またたく間に日本各地の首長たちに受けいれられていった。そして、六世紀末から七世紀初頭にいたるまで、前方後円墳の造営は続いた。まさに、前方後円墳の歴史は物部氏の盛衰とともにあったことになる。

これは、はたして偶然なのだろうか。ヤマト建国時、祭祀形態をつくりあげていく、その中心に物部氏が立っていたが、前方後円墳の原型を編みだしたのも、物部氏

だった可能性が高い。

物部守屋は八尾《やお》市付近で滅亡したが、この一帯が、物部氏の本拠地だったと考えられている。ここは、カハチのほぼ中心でもある。現代人の感覚でカワチといえば、いまの富田林《とんだばやし》市や河内長野《かわちながの》市のあたりの限定された地域を想像してしまうが、古代のカハチはもっと広く、ヤマトとの境を通る山地の西麓《せいろく》一帯におよぶ。さらに、いまの大阪市の中心に当たる地域は、古代の地形では入り湾となっていたから、カハチはそのまま瀬戸内海に面していたわけである。

とはいえ、ヤマトで実権を握った古代最大の豪族・物部氏ならば、ヤマトの盆地のなかに最大の拠点を設けていてもおかしくはなかった。そうしなかったのには理由がある。単純にいってしまえば、政治の中心「ワシントン」に相当するヤマトの盆地に対し、カハチは経済の中心「ニューヨーク」だった。物部氏は、瀬戸内海に面する経済的利点を選んだ。

一方のヤマトの利点は、軍事的要因にあった。生駒山から、信貴山《しぎさん》、二上山《ふたかみやま》、葛城山《かつらぎさん》、金剛山《こんごうさん》と続く山地が立ちはだかり、その東側の奈良盆地を天然の要塞にしていた。また、そうした山々からは瀬戸内海を見下ろすことができたのだった。西側からの攻撃にすこぶる強く、瀬戸内海を支配するために、ヤマトは欠かせない場所だった。ただし、瀬戸内海を利用するには、山地の西側に拠点をおくのが便利である。物部氏は「名を捨て、実をとった」といったが、カハチに暮らしていたことこそ、その何よりの証拠である。

ヤマトの政権や周辺の豪族たちは、流通の要《かなめ》、瀬戸内海の恩恵にあずかるために、大和川《やまとがわ》を往来する必要があったが、ヤマトの盆地を下ったちょうどそこに、物部氏の拠点があった。まるで、大和川の関所で「通せんぼ」するかのように、物部氏が睨《にら》んでいた。関門海峡も、物部氏が支配していたから、瀬戸内海の東西両端にある要所を押さえていたわけである。

瀬戸内海の覇者《はしゃ》

物部氏の祖・ニギハヤヒは、在地の勢力と婚姻関係を結んで支配したが、アメノイワフネに乗って、どこからやってきたのだろう。

物部氏が支配していたカハチ

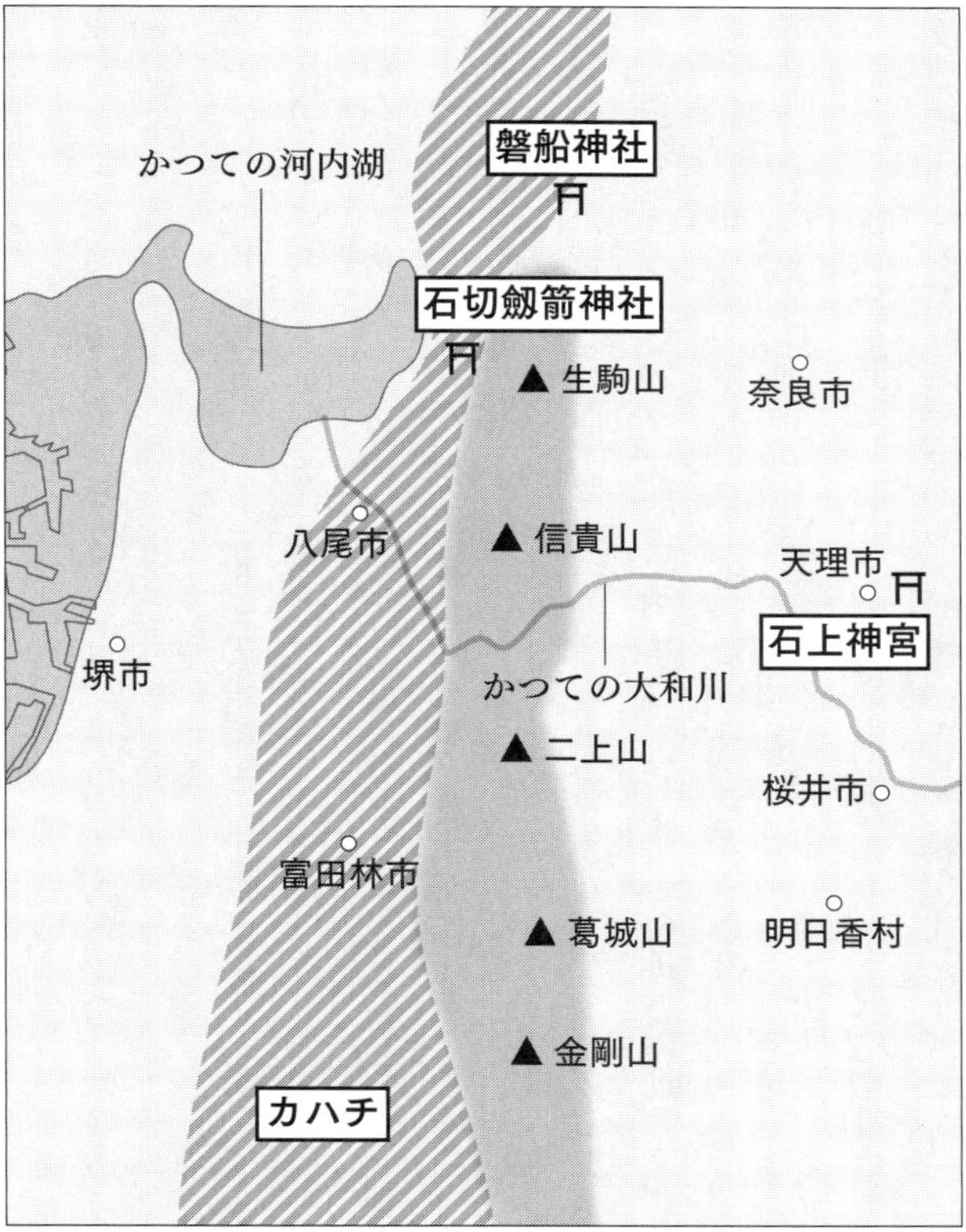

邪馬台国北部九州論者のなかには、ニギハヤヒは神武天皇の尖兵《せんぺい》として、九州からヤマトへ乗りこんだと考える人もいるが、物部氏は瀬戸内海の王だったと考えるべきだろう。

そこで著者は、八尾市の近辺から、三世紀の吉備系の土器が出土している点に注目した。北部九州がイヅモと手を結んだときに、そのおこぼれにあずかったとされたキビでつくられた土器である。

当地には、いまも多くの重要な古代遺跡が残るが、弥生時代後期、この場所で、前方後円墳の原型となる弥生墳丘墓が登場していた。そして、前方後円墳の墳丘上に並べるためにつくられた特殊器台形《とくしゆきだいがた》土器や特殊壺形《とくしゆつぼがた》土器もまた、ここキビで生まれ、ヤマトに持ちこまれたと考えられる。前方後円墳は、いくつもの地域の埋葬文化を寄せ集めてできあがったが、その中心に立っていたのはキビだったのだ。

キビが主導的役割を果たし「ヤマト発の新たな埋葬文化」を創作した。一方でヤマトの儀礼づくりに物部氏が活躍し、しかも物部氏の地盤となった八尾市付近から三世紀の吉備系土器が出土している。だから、ニギハヤヒ、物部氏とキビとを結びつけてみたくなるのである。

現代人の感覚ではわかりにくいが、古代人は海や川を最大限に活用していた。流通は、水運が中心だったのだ。重いものを長距離運ぶには、水運がもっとも適していたのはいうまでもない。

瀬戸内海は、古代のハイウェイだった。内海だから安全に行きかうことができたし、多島海は船を動かすエンジンとなった。海底の地形が複雑で、潮の満ち引きによって早い潮流が生みだされたのだ。潮に乗れば、労せず、目的地に着くことができた。ただし、潮に逆らえば船が進まないから、潮待ちをしなければならなかった。キビが栄えたのは、東西から押し寄せる満ち潮がちょうどこのあたりでぶつかっていたためである。ここで潮待ちする必要があり、多くの船舶が寄港したからだろう。

物部氏がキビ出身で、瀬戸内海の覇者《はしや》だったからこそ、カハチと関門海峡を押さえたのにちがいない。北部九州にも物部氏の痕跡があって、「これこそ、物部氏が九州から東に向かった証拠」という推理を見かけるが、これは誤りで、瀬戸内海を支配した物部氏は、北部九州にも影響力をおよぼしたということでしかない。

ヤマト建国後、いわゆる畿内の実権を握った物部氏は、瀬戸内海を支配するだけではなく、北部九州はもちろん、その先にある朝鮮半島とも交流を持った。朝鮮半島西南部の百済《くだら》には、「物部系」の人物が棲《す》みつき、百済王に重用《ちょうよう》されていたこともわかっている。朝鮮半島西南部で前方後円墳がつぎつぎと見つかっているが、これも物部氏が伝えたものであろう。

四世紀以降六世紀にいたるまで、ヤマト朝廷の外交方針は、「親百済」で、大坂→瀬戸内海→関門海峡→北部九州→壱岐《いき》→対馬《つしま》→伽耶《かや》→百済とつらなる航路は、物部氏が築《きず》きあげた外交ルートと思われる。

石上神宮に神宝《かんだから》として伝えられる七支刀《しちしとう》は、刻まれた銘文から四世紀後半のものと考えられていて、百済から倭王に贈られたものだ。それが石上神宮に保管されているのは、百済外交の中心に物部氏が立っていたからだろう。

ちなみに、『日本書紀』神功皇后摂政《せっしょう》五十二年秋九月十日条、百済から使者が遣《つか》わされ、七枝刀《ななさやのたち》と七子鏡《ななこのかがみ》（七つの小鏡をつけた鏡）、それに種々の宝を献上してきたとある。『古事記』には、応神《おうじん》天皇の時代、百済王が横刀《たち》と大鏡を貢上《こうじょう》してきたとある。

物部氏は石上神宮を祀っていなかった

そこで、一般的な見方として、「物部氏はヤマトに拠点をおいて、石上神宮を祀《まつ》っていた」と考えられるのではないかと思われるだろう。しかし、その見方は正確ではない。「物部氏は、石上神宮を祀っていなかった」のである。

『日本書紀』垂仁《すいにん》八十七年春二月五日条には、物部氏が石上神宮に関わることになったきっかけが記されている。

垂仁天皇の子で石上神宮の神宝を管理していた五十瓊敷命《いにしきのみこと》が、「年老いたから」と、妹の大中姫命《おおなかつひめのみこと》に神宝の管理をゆだねた。ところが大中姫命は、「私は手弱女《たおやめ》ゆえ、天神庫《あめのほくら》（高床式《たかゆか》）に登ることができません」と断った。そこで五十瓊敷命は神庫に梯子《はしご》をつくったが、結局、大中姫命は物部十千根《とおちね》に神宝を授けて治めさせた。これが石上の神宝を治める由縁だというのである。

ここで注意しなければならないのは、五十瓊敷命も、大中姫命も、物部十千根も、みな「神宝を治めた（管理していた）」のであって、「祀っていた」とは書かれていないことだ。

崇神《すじん》七年八月条には、物部氏の祖のひとり、イカガシコオ（伊香色雄命《いかがしこおのみこと》）を「神班物者《かみのものわかつひと》」（神に捧げるものをつくる人）にしたとあって、やはり「祀る人」とは記されていない。

垂仁二十六年秋八月の条には、天皇が物部十千根を出雲に遣わし、出雲の神宝を検校《けんぎょう》し、「掌《つかさど》らしめたまふ」とある。やはりここでも、神宝を管理していて、祀ってはいない。

石上神宮は、『延喜式《えんぎしき》』のなかで「石上坐布都御魂神社」と記される。その祭神はフツノミタマで、神武東征の段に登場した韴霊《ふつのみたま》である。『先代旧事本紀』には、神武天皇は即位ののち、この神宝をウマシマジに授け、宮中で奉仕させたとある。そして崇神七年に、イカガシコオに命じて、いまの石上の地に移したという。

ちなみに石上神宮には、フツノミタマだけではなく、多くの神宝が集められていた。スサノヲが八岐大蛇《やまたのおろち》を切った十握剣《とつかのつるぎ》（天羽々斬剣《あめのははきりのつるぎ》）や、アメノヒボコ（天日槍、天之日矛）が朝鮮半島から将来した神宝も納められたようで、平安遷都に際し、それらを新都に移したところ、十五万七千余人を要したという。話半分にしても、石上

石上神宮の拝殿は、現存最古の遺例とされる

摂社・出雲建雄神社の美しい拝殿。ここに祀られる「イヅモタケオ」とは何者か

神宮に、厖大《ぼうだい》な数の神宝が集められていたことは、間違いあるまい。

さらに余談ながら、このとき、聖体不予《せいたいふよ》（天皇の病気）や異変が相次いで起こり、巫女に神託も下った。恐ろしくなったのだろう。神宝はふたたび石上神宮に戻されたとも伝えられている。

問題は、石上神宮の神宝を管理していたのは、たしかに物部氏だが、フツノミタマを祀っていたのが、物部氏ではなく、和珥《わに》（和邇）氏系の市川《いちかわ》氏や布留《ふる》氏だったことである。古くから和珥氏が祀っていた石上の地に、物部氏が乗りこんできたのだろう。

それでは、カハチの磐船神社や石切劔箭神社は、物部氏が当時より代々祀ってきた神社なのだろうか。磐船神社と石切劔箭神社は、巨石を中心とした自然信仰の地である。この地を支配するようになった物部氏やその支族が、古くからあった自然信仰にみずからの祖神信仰を重ねあわせたと見るべきだろう。

もっとも、物部氏はキビから来たのであるから、ヤマトやカハチの土着の氏族ではない。これらの地に、三輪《みわ》氏にとっての大神神社、尾張氏にとっての熱田《あつた》神宮のような存在がなかったとしても、なんら不思議ではない。このことは、後述する大伴《おおとも》氏にもあてはまるし、もっといえば、天皇家にもあてはまるのである。

物部氏と蘇我氏の本当の関係

物部氏は最大の古代豪族だが、その正体や功績は、もみ消されてしまったままだ。そこで、物部氏になりかわって、彼らの業績を、ぜひとも後世に伝えておかなければならない。

百済から仏像がもたらされ、欽明《きんめい》天皇は喜ばれ、礼拝すべきかどうか、群臣《まえつきみ》に尋ねた。蘇我稲目《いなめ》は、「西蕃《せいばん》諸国はこぞって礼拝しており、日本だけが背《そむ》くわけにはいきません」と賛同した。しかし、物部尾輿《おこし》と中臣鎌子《かまこ》の二名が、「蕃神《あたしくにのかみ》を祀れば、国神の怒りを買う」と反発したため、天皇は、蘇我稲目に仏像をあずけ、試しに祀らせることにした。すると、疫病が蔓延《まんえん》し多くの人が亡くなったので、物部尾輿らは、「ほら、見たことか」と、仏像を捨てることを進言する。天皇はこれを許し、仏像は

物部氏系図

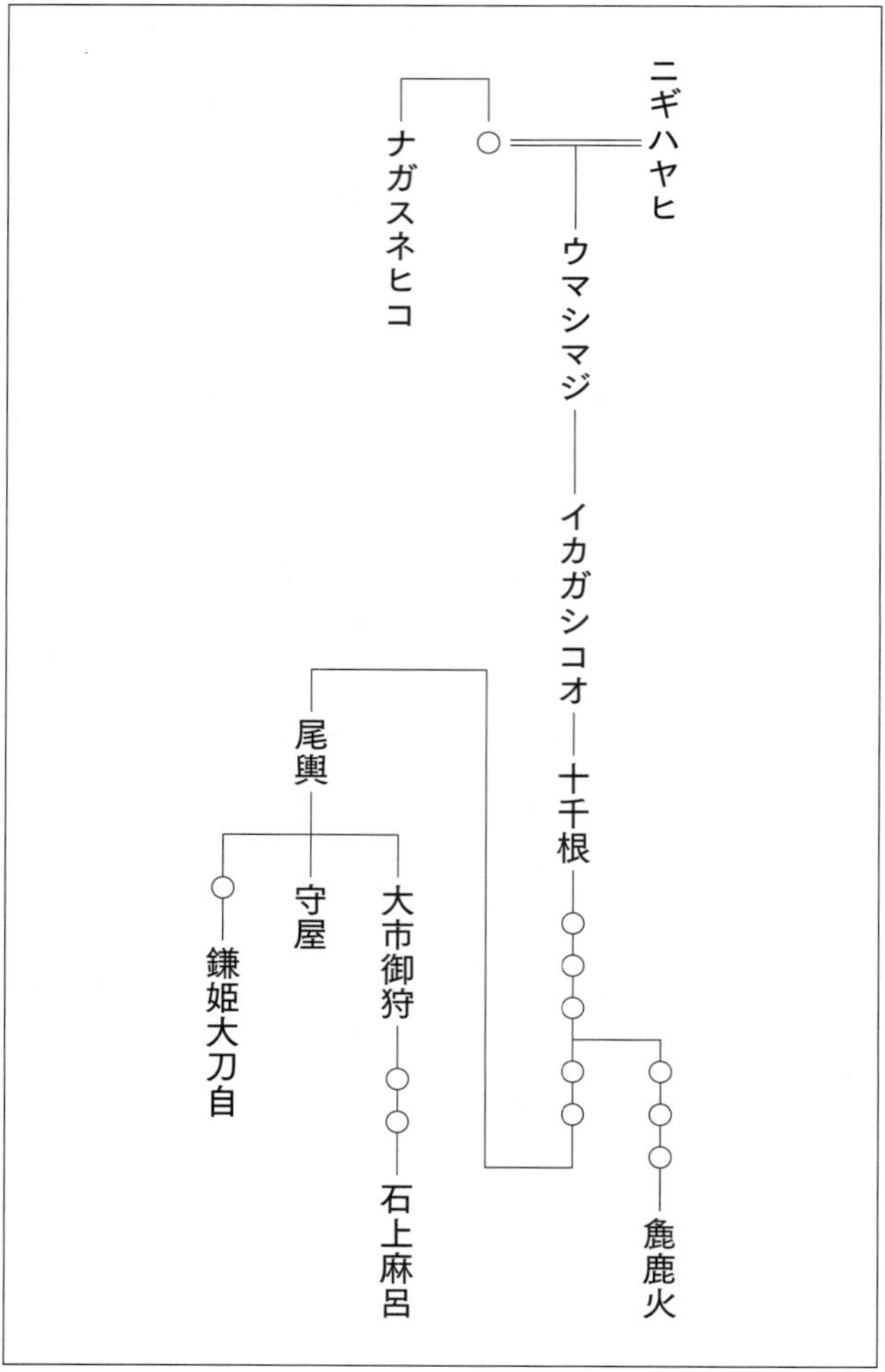
ニギハヤヒ
ナガスネヒコ
ウマシマジ
イカガシコオ
十千根
麁鹿火
尾輿
大市御狩
守屋
鎌姫大刀自
石上麻呂

難波《なにわ》の堀江《ほりえ》に流され、寺は焼かれた。

『日本書紀』欽明十三年（五五二）の有名な「仏教伝来」の記述である。これとよく似た事件が、それぞれの子の時代にも起きている。すなわち物部守屋と蘇我馬子の争いで、やはり物部守屋は仏像を捨て、寺に火をつけ、三人の尼僧を鞭《むち》打ちの刑に処した。用明二年（五八七）、これに不満を覚えた蘇我馬子はついに兵をあげ、聖徳太子らとともに、物部守屋を滅ぼしたとしている。

ところが『日本書紀』には、奇妙な伝承も記されている。蘇我馬子の妻は、物部守屋の妹であり、馬子は妻の計略を用いて守屋を滅ぼしたとし、また、このとき馬子ら蘇我本宗家は、（政治的正統性によってではなく、）物部守屋の妹から受け継いだ財力によって、権力の座を得たという。蘇我氏は物部氏を悪用したうえに、滅ぼしたということになる。しかし、『日本書紀』の証言を、鵜呑《うの》みにすることはできない。

物部系の歴史書、『先代旧事本紀』は、物部守屋滅亡事件そのものを採《と》りあげていない。また物部守屋は、一般的に伝えられているような本宗家ではなく、傍流《ぼうりゅう》だったともいっている。

このとき、本宗家だったと考えられるのは、おそらく物部大市御狩《おおいちのみかり》（守屋の兄）であろう。であるから、この事件によって物部氏が滅亡したわけではない。

さらに『先代旧事本紀』は、蘇我入鹿の母が、なんと「物部系」（物部鎌姫大刀自《かまひめおおとじ》）だったという事実まで誇らしげに語っている。その物部鎌姫大刀自は、推古《すいこ》天皇の時代に「参政《まつりごとあずかり》」になったといい、蘇我氏全盛期に「物部系」の女人が重用されたことをうかがわせている。

のちに触れるが、『日本書紀』の記事とは裏腹に、蘇我氏は改革派で、天皇家に近しい人びとだった。だからこそ物部氏は、蘇我氏との姻戚《いんせき》関係を明記したのだろうが、それにしても、『日本書紀』を信じるならば、物部氏は被害者なのであって、戦争をしかけた蘇我氏を糾弾《きゆうだん》するのが普通ではあるまいか。

『元興寺伽藍縁起《がんごうじがらんえんぎ》 幷 流記資財帳《ならびにるきしざいちょう》』には、「大々王」と呼ばれる謎の女人が登場する。前後の記述から、一般には推古天皇と考えられている。この「大々王」は、物部氏に向かって「わが眷属《けんぞく》（一族）よ」と呼びかけ、仏教排斥《はいせき》をやめるよう訴えかけている。そして、物部氏らは懺悔《ざんげ》したという。

歴史の勝者の編んだ「正史《せいし》」である『日本書紀』と、その他の「稗史《はいし》」とされてきた文書をくらべてみれば、いくつもの矛盾が見つかる。どちらが正しいのかといえば、敗れ去った人びとが記した「稗史」にちがいない。とくに物部氏は、蘇我氏にいじめられていたはずなのに、「蘇我氏を擁護」するかのような記述を残しているのだから、『日本書紀』が書いた、わかりやすい勧善懲悪《かんぜんちょうあく》のストーリーこそ、疑ってかかるべきだったのだ。

「物部系」であり、「親百済系」の天皇

筆者はかつて、推古天皇が「物部系」の天皇だったのではないかと指摘したことがある。推古の「古」は「フル」だが、これが「物部」の隠語ではないかと思えてならない。石上神宮は、「布留社《ふるしゃ》」とも呼ばれていた。ここでフツノミタマとフルノミタマ（布留御魂神《ふるのみたまのかみ》）が祀られていたとすれば、物部氏と「フツ」、「フル」は、強く結ばれている。

また、蘇我本宗家の全盛期に即位した舒明《じょめい》、皇極《こうぎょく》、孝徳《こうとく》の三天皇も、やはり「物部系」ではなかったかと見ている。彼らはみな、父親か母親のどちらかが物部氏の出だったのではないかと思えてならない。

その理由は、以下のとおりである。

物部氏は、日本各地に広大な領土を保有し、多くの百姓《おおみたから》を支配していた。物部氏の発言力の源は、土地と民であった。しかし、蘇我氏が権力を握ると、物部氏にとって厄介《やっかい》な事態が出来《しゅったい》した。それが、「律令《りつりょう》」の整備への流れである。

物部守屋と蘇我馬子の衝突は仏教をめぐる諍《いさか》いなどではなく、中央集権化の過程で起きた軋轢《あつれき》によるものではなかったか。蘇我氏は、律令制度の導入をもくろみ、豪族たちから土地を吸いあげようと考えた。

律令とは明文法《めいぶんぽう》のことだが、全国の土地と民をいったん天皇（国家）のもとに集め、戸籍をつくり、公平に再分配する制度でもあった。この制度のもとでは、豪族たちは領有していた土地と民を朝廷にあずけた見返りに、役職と禄《ろく》を与えられる。ただし原則として、その身分の世襲は許されず、世代が替わるたびに新たに任命されるもので、能力のある者が出世できるという、画期的なシステムだった。

そうなれば、既得権益《きとくけんえき》に守られてきた古い豪族たちは、当然反発しただろう。その既得権者の代表格が、物部守屋だったことになる。

逆に、改革派から見れば、最大勢力の物部氏は厄介な存在であり、その一方で、「物部氏が首をタテに振ってくれれば、改革は一気に進む」と踏《ふ》んだにちがいない。最大の豪族が率先して土地と民を朝廷に差しだせば、他の豪族も従わざるをえなくなる。

けれども、権力基盤である土地と民をおいそれと手放すはずもなく、条件をつけたのではなかっただろうか。すなわち、王位を「物部系」に譲り、その天皇に権力を与え、改革の中心に立ってもらおうとする妥協案である。

たとえば、皇極女帝の夫である舒明天皇は、「親百済派」で、百済川《くだらがわ》のほとりに大宮を建てている。これが、百済宮《くだらのみや》である。また百済大寺《くだらだいじ》は、のちの吉備池廃寺《きびいけはいじ》（奈良県桜井市吉備）に比定されていて、飛鳥時代最大の寺院であったことがわかっている。

舒明十三年（六四一）十月、舒明天皇は百済宮で崩御し、殯《もがり》をおこなうが、『日本書紀』はこれを「百済の大殯」と特記している。

すでに述べたように、物部氏は瀬戸内海航路の先、朝鮮半島の百済とつながっていた。対する蘇我氏は、朝鮮における全方位外交を目指していたから、この点でも物部氏と衝突したと思われる。

『日本書紀』推古元年（五九三）正月、法興寺《ほうこうじ》（飛鳥寺《あすかでら》）の刹柱《さっちゅう》が建てられたと記すが、平安後期に書かれたとされる『扶桑略記《ふそうりゃっき》』は、このときの状況について、少し詳しく述べている。


法興寺の刹柱を建てた日、嶋大臣《しまのおおおみ》ら百余人は、百済服を着て参列し、みな喜んだ。

（原文「於飛鳥地建法興寺。立刹柱日。嶋大臣幷百余人皆着百済服。観者悉悦。以仏舎利籠置刹柱礎中。」）


嶋大臣というのは、蘇我馬子である。日本最初の本格的寺院である法興寺の建立にもっとも力を注いだのは、百済だった。だからこそ、蘇我氏は百済の人びとに感謝の意をあらわした。その一方で、蘇我氏が百済服を着てまで式に臨んだことは、意外だったから、人びとの記憶に残ったのだろう。蘇我氏は「親百済派」の物部氏と妥協したから、そのシンボルとして法興寺は建てられ、ここから改革事業が始まったと筆者は見る。

逆に、物部氏から見れば、土地と民を手放すという「自己犠牲」を演じて見せたわけで、彼らの善意によって律令制度は整えられることになるが、それと同時に、物部氏は権力者の座から、すべり落ちていく。

大宝律令《たいほうりつりょう》（七〇二）の完成から九年後、物部氏最後の大物、宰相《さいしょう》（左大臣）石上麻呂《いそのかみのまろ》は、平城京遷都に際し、旧都の留守居《るすい》役を命じられた。これは、新しい政権によって捨てられたことを意味する。そのまま物部氏は歴史の表舞台から退場してしまったわけだが、いいかえれば、そのときまで物部氏の権力は続いていたことになる。

第三章　蘇我氏《そが》——宗我坐宗我都比古神社《そがにますそがつひこ》

貼られたレッテル

蘇我氏《そが》といえば、天皇をないがしろにし、改革の邪魔立てをした氏族と信じられてきた。『日本書紀』によると、皇極四年（六四五）、中大兄皇子《なかのおおえのみこ》は、蘇我入鹿《いるか》暗殺現場で、「蘇我入鹿は上宮王家《じょうぐうおうけ》（聖徳太子の子や孫たち）を滅ぼして、王家を乗っとろうとしている」と叫んでいる。日本人は、この『日本書紀』の主張を長年信じこまされてきた。

「上宮王家滅亡事件」こそ、蘇我入鹿暗殺の最大の大義名分となった。しかしこれは、他の拙著のなかでも述べてきたように、『日本書紀』の編者たちが用意した巧妙なカラクリである。

蘇我氏は、天皇の外戚になることで権力基盤を確かなものにし、天皇家の直轄領《ちょっかつ》

（屯倉《みやけ》）を増やすことに積極的だった。蘇我氏が王家を潰《つぶ》そうとしていたというのは、『日本書紀』の舞文《ぶぶん》であろう。

蘇我入鹿暗殺後の孝徳政権（改新政府）の人事は、意外にも「蘇我寄り」で、孝徳天皇自身も即位する直前、「上宮王家滅亡事件」で蘇我入鹿に肩入れしていたという記録がある。上宮王家襲撃の現地指揮官が、孝徳朝で重用されてもいる。孝徳天皇が改革事業の目玉にもってきた難波宮《なにわのみや》遷都も、すでに蘇我入鹿存命中に計画が持ちあがっていた。

むしろ、これまで改革の中心に立っていたと信じられてきた中大兄皇子や中臣鎌《なかとみのかま》足《たり》は、改新政府のなかでほとんど活躍の場が与えられていない。それどころか、孝徳天皇崩御ののち実権を握った中大兄皇子は、改革事業そっちのけで、無謀《むぼう》な朝鮮遠征を敢行している。

『日本書紀』編纂《へんさん》時の権力者は藤原不比等《ふじわらのふひと》で、彼は中臣鎌足の子なのだから、『日本書紀』が蘇我氏を罵倒《ばとう》するのはあたりまえのことだった。父・鎌足の業績を輝かせてみせるには、「何がなんでも、蘇我氏は悪くなければならなかった」のである。

こうして『日本書紀』の編者は、蘇我氏の改革の手柄《てがら》を横どりするために、「蘇我系皇族・聖徳太子」という虚像を用意したのである。蘇我氏の業績をすべて聖徳太子にあずけて、その子や孫を蘇我入鹿が滅亡に追いこめば、「聖者殺しの蘇我氏」のレッテルを貼《は》ることができる。また、もともと聖徳太子などどこにもいなかったのだから、上宮王家に丸ごと蒸発してもらえば、完全犯罪が成立する……これが、筆者の考えるカラクリである。

「ミウチ」としての蘇我入鹿

蘇我氏が祀っていたと思われる宗我坐宗我都比古神社《そがにますそがつひこじんじゃ》(奈良県橿原市曽我町《かしはらしそがちょう》)は、いまやほとんど知られていない。祭神の曾我都比古《そがつひこ》と曾我都比売《ひめ》は、土地の祖神と思われるが、歴史にも、神話にも登場しない神である。

宗我坐宗我都比古神社は、『五郡神社記《ごぐんじんじゃき》』によると、推古天皇の時代、蘇我馬子が創建したとある。当初は、武内宿禰《たけのうちのすくね》と石川宿禰《いしかわのすくね》(蘇我氏の祖である蘇賀石河宿禰)を祀ったという。また、宗我坐宗我都比古神社に伝わるところでは、持統天皇の創建だという。いずれにしても、ヤマト建国の初期にさかのぼる神社ではない。

曽我の地は、奈良盆地の中央に位置し、おそらく蘇我氏の本拠であろう。すぐ西を曽我川《そがかわ》が流れ、大和川に通じている。

この一帯に住む人びとは、いまでも蘇我氏を慕《した》っているというから興味がつきない。宗我坐宗我都比古神社も、かつて「入鹿の宮」と呼ばれ親しまれていた。ただ、歴史から封殺されてしまったので、蘇我氏の氏社に「入鹿信仰」が重なっているのか、蘇我入鹿を祀《まつ》る神社が蘇我氏の氏社のようなあつかいを受けるようになったのか、いまとなっては、わからない。

宗我坐宗我都比古神社から東南側に一キロ強のところには、入鹿神社（橿原市小綱《しようこ》町）があり、境内には、「小綱の大日堂《だいにちどう》」と呼ばれる美しい仏堂が残っている。小綱の地にも、蘇我氏が居住していたのだろう。東を流れる飛鳥川をさかのぼれば、飛鳥につながっている。

この神社の由緒もわからないが、祭神は、蘇我入鹿とスサノヲで、御神体《ごしんたい》は蘇我入鹿の神像である。このような人里で、「古代史の悪人・蘇我入鹿」を正面から祀る神社が残っていることは、たいへん意外だ。

いまはそれほどではないかもしれないが、少し前までは、「蘇我入鹿は、天皇を軽《かろ》んじ成敗《せいばい》された」と学校で教えられ、本気で怒りを覚えているような人びとが多くいた。おそらく、宗我坐宗我都比古神社や入鹿神社周辺の人びとは、石礫《いしつぶて》を投げられ、肩身の狭い思いをしながらも、細々と蘇我入鹿を祀ってきたのだろう。

中大兄皇子と中臣鎌足の蘇我入鹿暗殺計画は、多武峰《とうのみね》（奈良県桜井市）でおこなわれる。のちに、この地に中臣鎌足を祀る談山《たんざん》神社が創祀されたが、宗我坐宗我都比古神社や入鹿神社周辺の人びとは、長いあいだ多武峰の人びととは婚姻関係を結ばなかったという。戦後、そのような風習は薄らいだというが、それでも、「まだ怨念《おんねん》は残っている」という。

入鹿神社の周囲をぐるりと、腰の高さほどの石標が何本も建てられていて、そこには「蘇我入鹿公御舊《ごきゆう》（旧）跡《せき》」の文字が刻まれていた。「公」も「御」も、「悪人」のために使う文字ではない。やはり、地元の人びとにとって、蘇我氏は「ミウチ」だった。この信仰には、先祖である蘇我入鹿を「素直に慕う気持ち」と、蘇我入鹿がのち

曽我の地を流れる曽我川

宗我坐宗我都比古神社の一ノ鳥居

神仏習合の面影を残す入鹿神社の境内。
左が大日堂、右の建物が拝殿で、その
奥に本殿がある。

「蘇我入鹿公御舊跡」と刻まれた石碑

の権力者によって悪人呼ばわりされた歴史に対する「無念」とが、ないまぜになっているように思えてならない。

戦時中、「蘇我入鹿公御舊跡」の石碑は、「いたずらに人心をまどわす」との理由から、強制的に撤去させられた。やはり、「蘇我入鹿は、天皇家の敵」という考えは、徹底的に日本人にすりこまれていたのである。

しかし戦後になって、地元の人びとの手で、もとあった場所に戻されたという。

蘇我氏悪人説を見直すきっかけ

蘇我入鹿を祀る神社は、まだある。

奈良盆地の南部は、「蘇我系」豪族が多く住んだ場所だ。甲《かぶと》神社（奈良県吉野郡大淀《おおよど》町）はいまやオオナムチを祀るが、地元では「入鹿明神《みょうじん》」と呼ばれ、蘇我入鹿の兜《かぶと》と鎧《よろい》を祀るという。同じ大淀町にある世尊寺《せそんじ》（吉野寺）は、聖徳太子建立と伝わるが、もちろん、蘇我氏が関わっていた寺院であろう。なぜ蘇我氏が、この一帯に勢力圏を広げたのかといえば、答えは簡単で、紀ノ川《きのかわ》を支配するためだった。

蘇我氏の本拠地を訪ねる

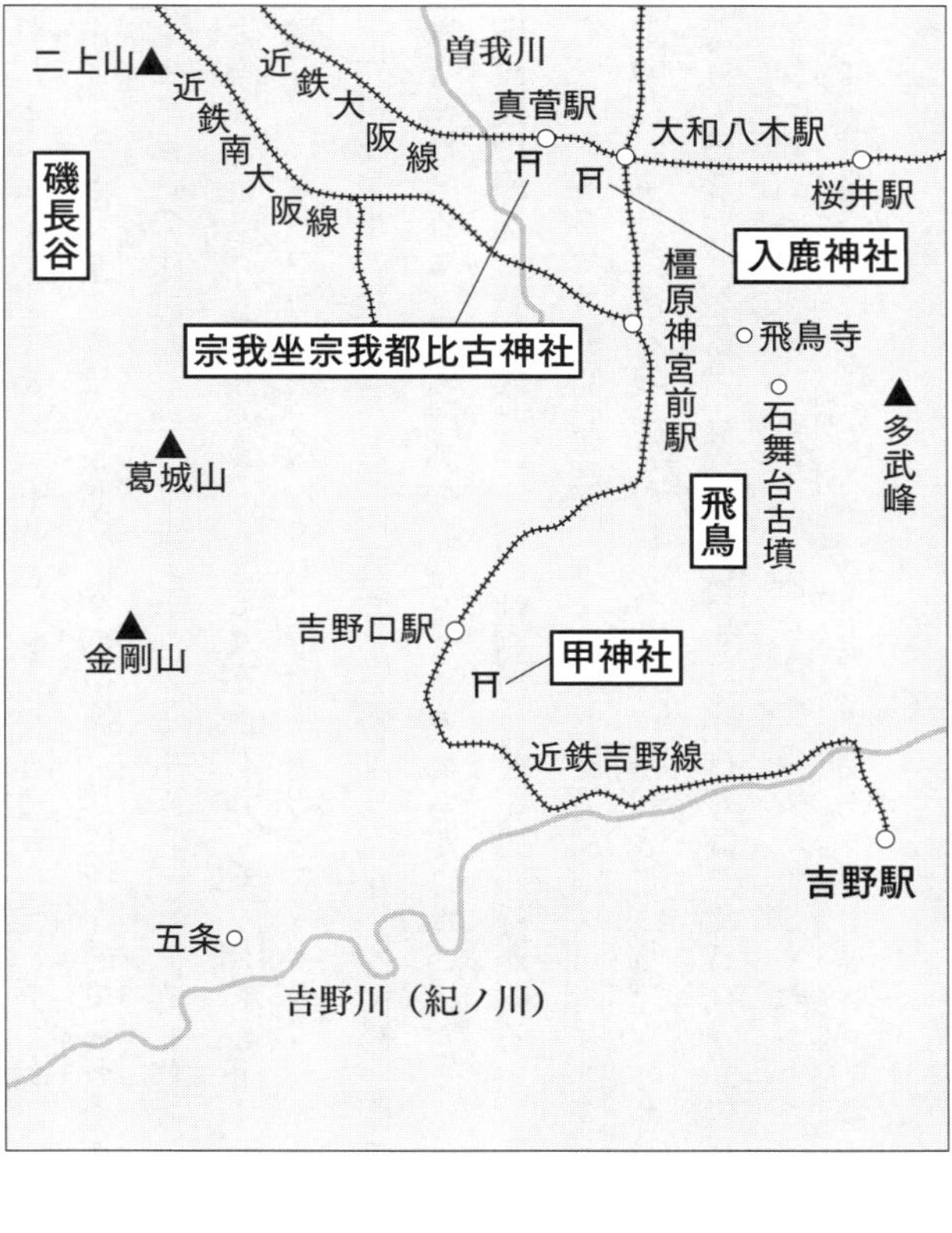

ヤマト朝廷にとっての命綱である大和川は、物部氏が支配していた。盆地を下った出口が八尾《やお》市で、また、奈良盆地の水運の要《かなめ》の位置に法隆寺が建てられたが、この一帯はもともと物部氏の土地だった。すなわち、ヤマトから瀬戸内海に抜ける狭《せば》まった場所を、物部氏は牛耳《ぎゅうじ》っていたのだ。そこで蘇我氏は、紀ノ川に注目し、物部氏の勢力圏を通らずに瀬戸内海に抜けられる道を確保したのだろう。

もちろん、六世紀後半の段階になると、蘇我氏と物部氏は争いをやめ、手を握ったはずで、法興寺や法隆寺は、その融和の象徴となったにちがいない。

そして、奈良盆地南部と蘇我氏といえば、飛鳥のことを思い浮かべる。

筆者が古代史の「定説」を疑いはじめたきっかけは、飛鳥寺の西側にある「入鹿の首塚《くびづか》」に、野の花が生《い》けてあるのを見たときである。これは、いつ行っても、そうだった。首塚だけではない。石舞台《いしぶたい》古墳の背後にも、やはり同じように花が供《そな》えられている。誰にも気づかれない場所で、そっと誰かが弔《とむら》う姿が感じられ、とくに印象的だった。それは、世間一般とは異なる、この地域の蘇我氏に対する密《ひそ》かな思いに接した瞬間だった。

飛鳥寺の西側にある入鹿の首塚。誰かが野の花を供えていた

石室が剝きだしになった石舞台古墳。暴かれた墓である

教科書で習った「蘇我氏＝大悪人」、「大悪人を討ちとった正義の味方、中大兄皇子と中臣鎌足」という勧善懲悪の歴史観は、間違っていたのではないかと、そのときは漠然とだったが、そう思いはじめたのである。

石舞台《いしぶたい》は、なぜ石室《せきしつ》が裸にされているのか

飛鳥の名所である石舞台は、蘇我馬子の墓ではないかと考えられているが、封土《ふうど》（盛り土）がなく、石室《せきしつ》が剝《む》きだしになっていることも気になった。

古墳は人海《じんかい》戦術で突き固めていく。これを「版築《はんちく》工法」と呼ぶが、意外なことに、コンクリート並みの強度を確保できるという。その証拠に、三世紀に造営された初期の箸墓《はしはか》古墳（奈良県桜井市）は、びくともしないで、封土が残っている。

問題は、石舞台のみならず、飛鳥の古墳のいくつかの封土がなくなっていることだ。たとえば「鬼の雪隠《せっちん》」や「鬼のまな板」は、ひとつの古墳であったが、その封土がなくなり、石室の上の部分が何かの拍子《ひょうし》で転《ころ》げ落ち「雪隠」となり、残った部分が「まな板」になった。

なぜ、飛鳥にある古墳は、封土を失ったのだろう。それはおそらく、政敵の手で「復讐」され、あるいは「迫害」された痕跡なのではないか。もし、のちの開発のために破壊されたのであれば、石室もろとも失われているはずである。あえて石室を残し、封土のみがすべて失われているのは、それが人為によるものであることを物語っている。あえて墓に対する侮辱《ぶじょく》の跡を残そうとする意図が見られる。

恨む相手の墓を破壊したという事件（未遂事件だが）が実際に起きていたことは、『日本書紀』に記録されている。

顕宗《けんぞう》二年秋八月、顕宗天皇は、兄である皇太子の億計《おけ》（のちの仁賢《にんけん》天皇）に、雄略《ゆうりゃく》天皇の御陵《ごりょう》を破壊し、骨を砕《くだ》いて投げ散らかしたいと述べた。兄弟の父は、雄略に殺されていたのである。しかも、その骨を野原に捨て置かれ、遺骸はいまだに見つかっていなかった。その仇《あだ》を返し、恥辱《ちじょく》をそそぎたいというのだ。これに対し、兄の億計は諫言《かんげん》し、顕宗は思いとどまったという。

『古事記』には、もう少し生々しい話が載っている。

顕宗天皇は、父を殺した雄略天皇を深く恨んでいて、その「霊」に報《むく》いたいと思った。雄略はすでに亡くなっているから、霊に復讐しようとしたのだ。そこで人を遣《つか》わそうとしたが、兄の意祁《おけ》（億計）が、「自分が行き、破壊してきましょう」という。意祁は、御陵の側面の土を削っただけで、すぐに帰ってきた。怪しんだ顕宗が問いただすと、つぎのように諫言した。

「たしかに雄略は恨めしいが、われらは親族です。それに、天下を治めた方の御陵をすべて壊してしまえば、のちの世の人々に非難されるでしょう。けれども、恨みを晴らさぬわけにもいかず、御陵の一部を削りました。この辱《はずかし》めで十分でしょう」

天皇は、この言葉を聞き、その思慮深さに納得したのだった。

ここでわかるのは、政敵の墓を暴《あば》くという発想が存在していたこと、しかも、死んだ人間の「霊」に報い、傷つけられると信じていたことである。

おそらく、石舞台古墳の封土は破壊されたのだろう。犯人も、おおよその見当はつく。それは、蘇我氏を倒した藤原氏にちがいない。そして、藤原氏がもし本当に正義の味方なら、意祁命と顕宗天皇の兄弟のように墓暴きを思いとどまったのではあるまいか。そう思うと、『日本書紀』の唱える「蘇我悪人説」も、疑ってかかる必要があると感じはじめたのだった。

蘇我系人脈の菩提を弔《とむら》う人びと

つい最近、「もうひとつの入鹿の首塚」を訪ねるチャンスに恵まれた。奈良県と三重県の県境を越えてすぐ、高見山《たかみさん》の麓《ふもと》（三重県松阪市飯高《いいたか》町舟戸《ふなと》）に、その五輪塔が祀られていた。熊が出そうな山奥で、道はわかりにくく、案内役を買ってくださった方も迷うほどであった。

舟戸の地では、蘇我入鹿の首が、ここまで飛んできたと伝えられている。付近に、明治五年（一八七二）に廃された「能化庵《のうげあん》」と呼ばれる建物の跡があり、蘇我入鹿の

高見山麓で守られていた、もうひとつの入鹿の首塚

妻や娘が首塚を祀るために住んでいたという伝承が残っていた。

中臣鎌足を強く意識した伝承も残されている。高見山に入る人が、草刈りをするのに「鎌」を用いれば、かならず怪我をして血を出すといい、旅人が山中で中臣鎌足を礼讃すれば、山が鳴動《めいどう》して恐ろしい目に遭《あ》ったというのである。

蘇我氏を滅ぼしたあと、藤原氏は権力の中枢に登りつめ、平安時代末にいたると他氏族を圧倒した。武士が台頭したあとも、長く権威を保ちつづけた。そのなかにあって、あえて蘇我入鹿の菩提を弔ってきたというのならば、それを無視することはできない。

蘇我悪人説は、『日本書紀』が繰りひろげた「情報戦」である。しかし、敗れ去った者、蘇我氏に縁のあった者たちは、歯を食いしばって、「蘇我氏は悪くなかった」と伝えてきたのではあるまいか。

蘇我系皇族が眠る磯長谷《しながだに》（大阪府南河内郡太子町《たいしちょう》・河南町《かなんちょう》・羽曳野市《はびきのし》にかけての一帯）に、聖徳太子の眠る叡福寺《えいふくじ》がある。

『日本書紀』の描く歴史に従えば、聖徳太子はヤマト朝廷最大の英雄なのだから、朝廷は聖徳太子の御陵を丁重に祀ろうとしたはずだ。ところが、この叡福寺には奇妙な自負があって、「朝廷の庇護《ひご》をいっさい受けてこなかった」という。これはどういうことだろう。

「われわれは自立していた」と胸を張っているのは、「反骨」から来るものではなかろうか。つまり、叡福寺は聖徳太子という「虚像」ではなく、じつは蘇我本宗家の誰かを祀っていて、だからこそ、朝廷の「恵み」を拒んだのではなかろうか。

また、叡福寺の向かい側には、西方院《さいほういん》という尼寺がある。ここの住職は代々「蘇我」を名のってきた。伝承によれば、聖徳太子亡きあと、太子の三人の御乳母《おめのと》が出家し、善信《ぜんしん》（蘇我馬子の娘）、禅蔵《ぜんぞう》（小野妹子《おののいもこ》の娘）、恵善《えぜん》（物部守屋の娘）となり、御廟《ごびょう》の前に一宇《う》を建立したのがはじまりだという。

蘇我馬子と聖徳太子が力を合わせて物部守屋を滅ぼしたと『日本書紀』はいうが、ここでは、物部守屋の娘も、聖徳太子の墓を守るために出家しているのである。どちらが正しいのかといえば、西方院の伝承であろう。蘇我氏と物部氏は、一度は対立したが、のちに手を携え、中央集権国家の建設に邁進《まいしん》していた。そして、それを邪魔立てしたのが、中大兄皇子と中臣鎌足である。

中臣鎌足の子・藤原不比等は、実権を握ると、奈良盆地の北部への移動を企《くわだ》てる。理由は簡単なことで、蘇我氏の地盤からなるべく遠くに移りたかったにちがいない。これが、平城京遷都（七一〇）の真相だ。

遷都に際し、法興寺は移築を命じられたが拒み、やむなく朝廷は新しく寺を建立した。これが奈良市内に建てられた元興寺である。都人《みやこびと》は、元興寺周辺を「平城《なら》の明日香《あすか》」と呼び、古きよき時代を懐かしみ、偲《しの》んだ。

なぜか古代人は、「明日香」（飛鳥）に強い郷愁を覚えていたようだ。明日香は、蘇我氏全盛期の土地だったが、『日本書紀』のいうとおり、暗黒の時代であったなら、なぜ人びとは、明日香を懐かしんだのだろう。

世直しをしていたのは蘇我氏

蘇我入鹿は、崇《たた》って出たという話がある。『日本書紀』によれば、斉明《さいめい》天皇の身辺に、大笠《おおかさ》をかぶった唐人《もろこしびと》に似た異形《いぎょう》の者や鬼火があらわれ、近侍《きんじ》する者がつぎつぎと亡くなり、斉明自身も、そのあと崩御したという。『扶桑略記』は、この怪しい人物（霊）を「豊浦大臣《とゆらのおおおみ》」と記している。これは、蝦夷《えみし》か入鹿のどちらかをさすものと思われるが、斉明天皇は入鹿の断末魔の声を聞いているから、入鹿がふさわしい。蘇我入鹿は祟って出たと、誰もが信じていたのだろう。祟りは、祟られる側にやましい気持ちがなければ成立しない現象だ。罪なき者を殺し、「恨まれている」と思うから、何か変事が起きれば、「やはり」と、思うのだ。すなわち、蘇我入鹿を滅亡に追いこんだのは、蘇我氏が悪人だったからではなかった。中大兄皇子と中臣鎌足は、私利私欲から改革派の蘇我本宗家を潰しにかかったのだろう。二人は、何としても政局の主導権を握りたかった。

しかし、彼らが実権を握ると、なぜか民衆は罵声を浴びせている。中大兄皇子が百済遠征を敢行しようとすると、「この戦いは負ける」と、民衆はいいあて、百済遠征の敗戦後、近江に遷都を敢行すると、方々で不審火が絶えなかったという。これら中大兄皇子に対する批判的な民衆の姿は、『日本書紀』にも記事として残っている。民衆たちは、その前の権力者である蘇我氏を慕っていた可能性が高い。

蘇我氏系図

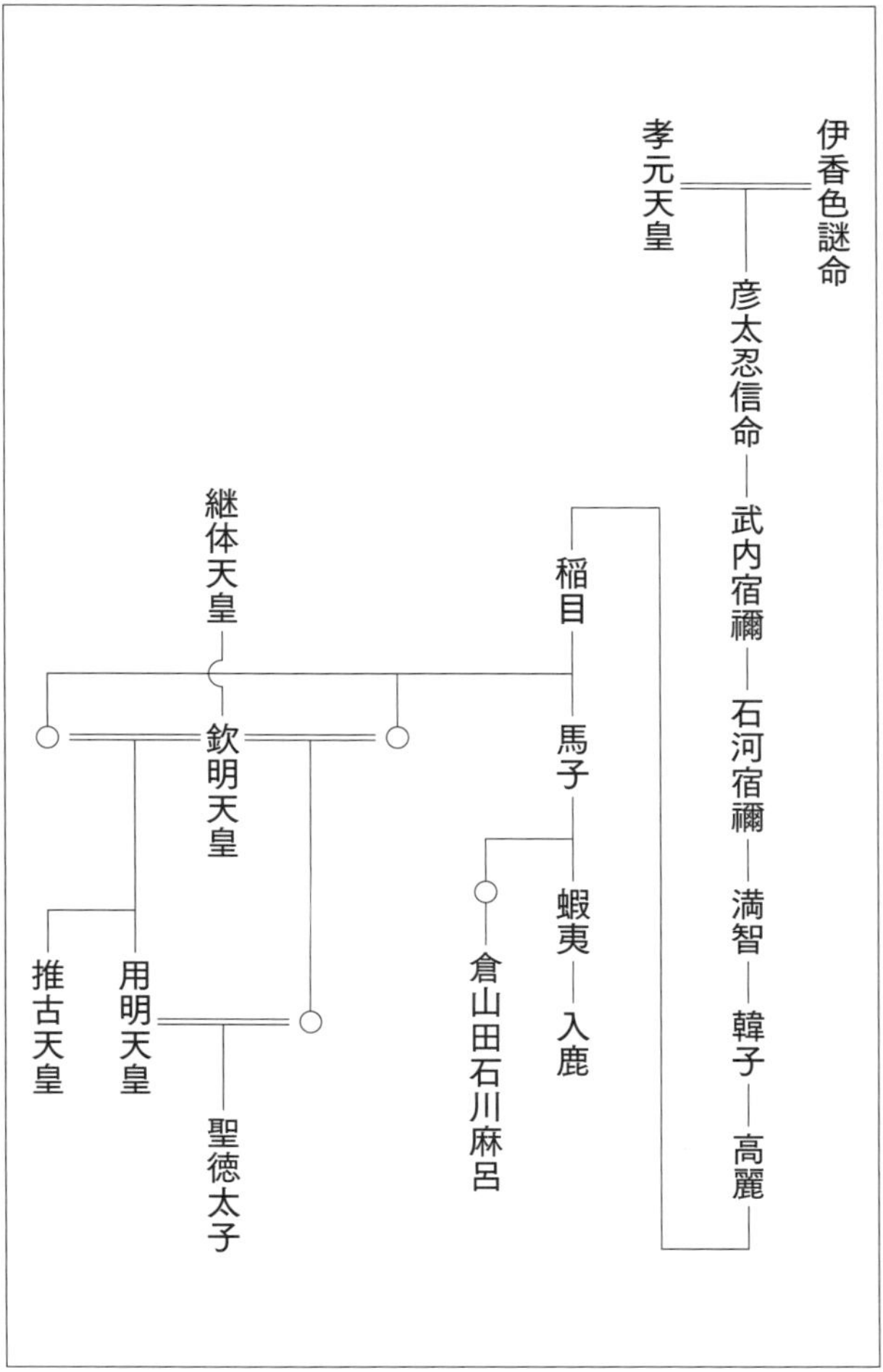
伊香色謎命
孝元天皇
彦太忍信命
武内宿禰
石河宿禰
満智
韓子
高麗
稲目
馬子
蝦夷
入鹿
倉山田石川麻呂
継体天皇
欽明天皇
用明天皇
推古天皇
聖徳太子

また、『日本書紀』のなかに、蘇我入鹿暗殺の直前、身分の低い巫覡《ふげき》たち(神託《しんたく》を伝える者。「巫」は巫女、「覡」は男性のシャーマンで、民間信仰の担い手)が、道端で蘇我入鹿の危機を知らせようと声をかけたが、なかなか伝わらなかったという話が、記されている。

皇極二年(六四三)二月是月、国内の巫覡らは、小枝を折り、木綿をかけ垂らして(神事に用いる)、大臣《おおおみ》(蘇我蝦夷)が橋を渡るときをうかがい、競って神語《かみがたり》の微妙な意味を伝えようと述べあった。ところが、巫覡の数が多すぎて、すべて聞きとることができなかったというものだ。

皇極三年(六四四)六月にも、やはり巫覡が神語を述べたが、あまりにも多くの巫覡がいたので、大臣(おそらく蘇我蝦夷)は、はっきりと聞きとることはできなかった。老人たちは、「時勢が変わる兆《きざ》しだ」といった。

なぜ巫覡たちは、競って神託を伝えようとしていたのかといえば、当時の蘇我氏と巫覡らは、「結託《けったく》」していたからだろうとする、中村修也《なかむらしゅうや》の説がある(『秦氏とカモ氏』)。ただし、「蘇我＝悪人」という先入観があるから、「結託」という言葉を用いているのであって、身分の低い人たちが蘇我蝦夷らに、神託を必死に伝えようとしていたのも、彼らが既得権益にしがみつく人びとと闘い、世直しをしていたからだろう。

どうだろう。蘇我氏に対する見方が、少しは変わっただろうか。蘇我氏も物部氏も、改革を進展させなければ、流動化する東アジアのなかでとり残されると思い、欲を捨てて働いた。もちろん、反動勢力は大勢いたはずだ。彼らをそそのかし、「蘇我と物部の体制」を切り崩しにかかったのが、中大兄皇子と中臣鎌足だった。

蘇我氏と天皇家

ところで、蘇我氏は渡来系ではないかとする説があり、有力視されもした。韓子《からこ》や高麗《こま》といった名を負った人物が存在すること、韓子の父・蘇我満智《まち》の音が百済の木満致《もくまんち》に似ていること、渡来系のテクノクラート（技術者）を駆使して繁栄を誇ったことなどが、理由としてあげられていた。

しかし、この考えには批判もあって、定説とはなっていない。では、蘇我氏の出自は明確にできるのだろうか。

『古事記』は、蘇我氏の祖を「建内宿禰《たけのうちのすくね》」（武内宿禰）とする。武内宿禰は、孝元《こうげん》天皇の子で、武内宿禰の子の蘇賀石河宿禰が蘇我氏の祖と『古事記』はいう。

蘇我氏のカバネは「臣《おみ》」で、これは孝元天皇以前に天皇家から派生した氏族（いわゆる皇別《こうべつ》氏族）に与えられた。したがって、『古事記』の記事と臣姓であったことを重ねれば、蘇我氏は天皇家から分かれた氏族ということになる。のちの世でいうところの、源氏や平氏、橘《たちばな》氏のような存在といえよう。

問題は、『日本書紀』が、こういった蘇我氏の祖を無視して記録しなかったことで、それはなぜかといえば、蘇我氏が正統な血脈を継承していたからだろう。「大悪人」と罵《ののし》った蘇我氏が、実際には高貴な人びとで、しかも「改革派」だったことが露見すれば、それこそ滅ぼした側の政権の正統性は吹っ飛んでしまう。

ヤマト建国時の王家と蘇我氏は、想像以上に近く、血がつながっていたと、筆者は推理している。そう思う理由を、簡潔に述べておこう。

蘇我氏は、不思議とイヅモと接点を持っている。出雲大社の本殿真裏のスサノヲを祀る祠《ほこら》は「素鵞社《そがのやしろ》」で、スサノヲの宮「須賀」の「スガ」が音韻変化して「ソガ」

になったものと思われる。

蘇我氏の拠点である飛鳥は、出雲神の密集地帯だ。「アスカ」は「ア＋スカ」で、「スカ＝スガ」だから、やはりここでもイヅモの匂いが感じられる。イヅモでは前方後方墳だけでなく、方墳もつくられたが、七世紀の蘇我氏は、このんで方墳を造営している。

蘇我氏が、本来なら相いれない二つ——「天皇とイヅモ」の双方につながってくるという話は、無視できない。すでに述べたように、天皇家の祖神と出雲神は、「鏡に映した表と裏」ではないかとする説があるからだ。

この、本当は一本である系譜を、わざわざ二本の神統譜に分けたという話は、飛鳥時代の蘇我氏を悪く見せるために、聖徳太子と上宮王家を創作したそのカラクリと、たいへんよく似ているのではあるまいか。

『日本書紀』は、ヤマト建国にまつわる「何か」を抹殺するために、神の系譜を二つに分け、イヅモを「邪《あ》しき鬼《もの》」と、罵倒《ばとう》したのだ。けれども、本来ひとつの系譜なら、出雲神話と天孫降臨神話は、「つながった話」なのではないかと思えてくる。

「出雲の国譲り」で最後に決着をつけるのは、フツヌシ（経津主神《ふつぬしのかみ》）とタケミカヅチ（武甕槌神《たけみかづちのかみ》）の二神だが、それぞれが物部系と尾張系の神とする有力な説がある。すると、「物部氏（フツヌシ）＋尾張氏（タケミカヅチ）」に追いつめられ、敗れた神々（イヅモ）が、南部九州に落ちのび、その後、何かの拍子にヤマトに移り、復活し、ヤマトの王になったのではなかったか……。

「そんな馬鹿な」と思われるかもしれない。しかし、筆者はひとつの仮説を用意してある。次編で謎を解いてみよう。

第二編　ヤマト建国の秘密を知る氏族たち

第四章　三輪《みわ》氏　――大神《おおみわ》神社

祭祀権《さいしけん》を譲った天皇

大神神社《おおみわじんじゃ》（奈良県桜井市）は、ヤマトを代表する霊山・三輪山《みわやま》（標高四六七メートル）を御神体山《ごしんたいさん》とする。大神神社には、本殿はなく、三ツ《み》鳥居（三輪鳥居）を通して拝殿の背後にある三輪山を拝む。また、拝殿には「鶏卵《けいらん》」のお供え物が並ぶが、それは三輪山の神であるオオモノヌシの正体が蛇だからだ。

その西側山麓の扇状地に、ヤマト建国の地、纒向《まきむく》遺跡が広がる。まさに、三輪山と大神神社は、ヤマトの中心といってよい。

ヤマトにいちばん乗りしてきたのも、三輪山の神であるオオモノヌシだ。この神は、イヅモのオオナムチ（オオクニヌシ）と同神とされ、「出雲の国譲り」よりも早く、三輪山で祀《まつ》られるようになった。

奥に見えるのが三輪山、手前は箸墓古墳

大神神社の拝殿と御神木

蛇であるオオモノヌシに供えられた鶏卵

オオタタネコが祀られた若宮

若宮のなかにある聖地。古代の遥拝所だろうか

また、『出雲国 造 神賀詞《いずものくにのみやつこのかむよごと》』には、大穴持命《おおあなもちのみこと》（オオクニヌシ）が自身の和魂《にぎみたま》を八《や》咫鏡《たのかがみ》にとりつけて、「倭大物主櫛瓶玉命《やまとのおおものぬしくしみかたまのみこと》」と称《たた》え、「大御和《おおみわ》の神奈備《かんなび》」（三輪山）に鎮《しず》めたとある。

つまり、三輪山に祀られる神は、出雲神《いずものかみ》に他ならない。そして、ヤマトの王家は、この山の神を恐れ、敬い、丁重に祀《まつ》っていくのである。

天皇が出雲神に震えあがるきっかけとなったのは、第十代崇神《すじん》天皇の時代のできごとがあったからだ。『日本書紀』には、つぎのような経過が記録されている。

ちなみに、実在した最初の天皇は、崇神天皇と考えられているから、この事件はヤマト建国の黎明《れいめい》期に起きていたことになる。

さて、崇神五年、疫病がはやり、国の人口が半減する事態に見舞われた。翌年、百姓《おおみたから》は土地を手放し、流浪《るろう》し、体制に背《そむ》く者もあらわれた。天皇の徳をもってしてもうまくいかなかった。天皇は政務に励み、天神地祇《てんじんちぎ》に罪を謝りたいと請《こ》うた。

崇神七年春二月、崇神天皇は神亀《じんき》の占《うらな》いをした。すると、三輪山のオオモノヌシが神託《しんたく》を下した。国が治まらないのはオオモノヌシの意思であることを述べ、その子のオオタタネコ（大田田根子、意富多多泥古）なる人物にオオモノヌシを祀らせば、平穏は戻るというのである。

こうしてオオタタネコを捜しださせたところ、「茅渟県《ちぬのあがた》の陶邑《すえのむら》」（大阪府堺市《さかいし》）で見つかり、彼が神託どおりに行動すると、はたして世は平穏をとりもどした。そして、このオオタタネコの末裔《まつえい》が、三輪氏とされている。

ここで、不思議なことがひとつある。それは、祟り神《たたりがみ》を鎮める力が崇神天皇にはなく、祟り神の子を連れてきて祀らせたというが、これは「祭祀権《さいしけん》を譲渡した」ことになるのではないか。「祭祀をつかさどる者が古代の王」と定義できるのなら、この説話は、王権そのものを禅譲《ぜんじょう》したことを示しているのではないか、という疑いである。

建国後のヤマト朝廷は、イヅモに使者を送りこみ、神宝《かんだから》を検校《けんぎょう》させている。神宝を「見せろ」といっているのだが、これは「よこせ」といっていることである。つまり、祭祀権を奪うことに他ならない。

こうして、土地の首長たちから、つぎつぎと祭祀権を奪っていくが、祭祀権を失った首長は、土地の民を支配する権利も失う。古代社家にとって、祭祀とは、それほど

三輪山と大神神社付近の地図

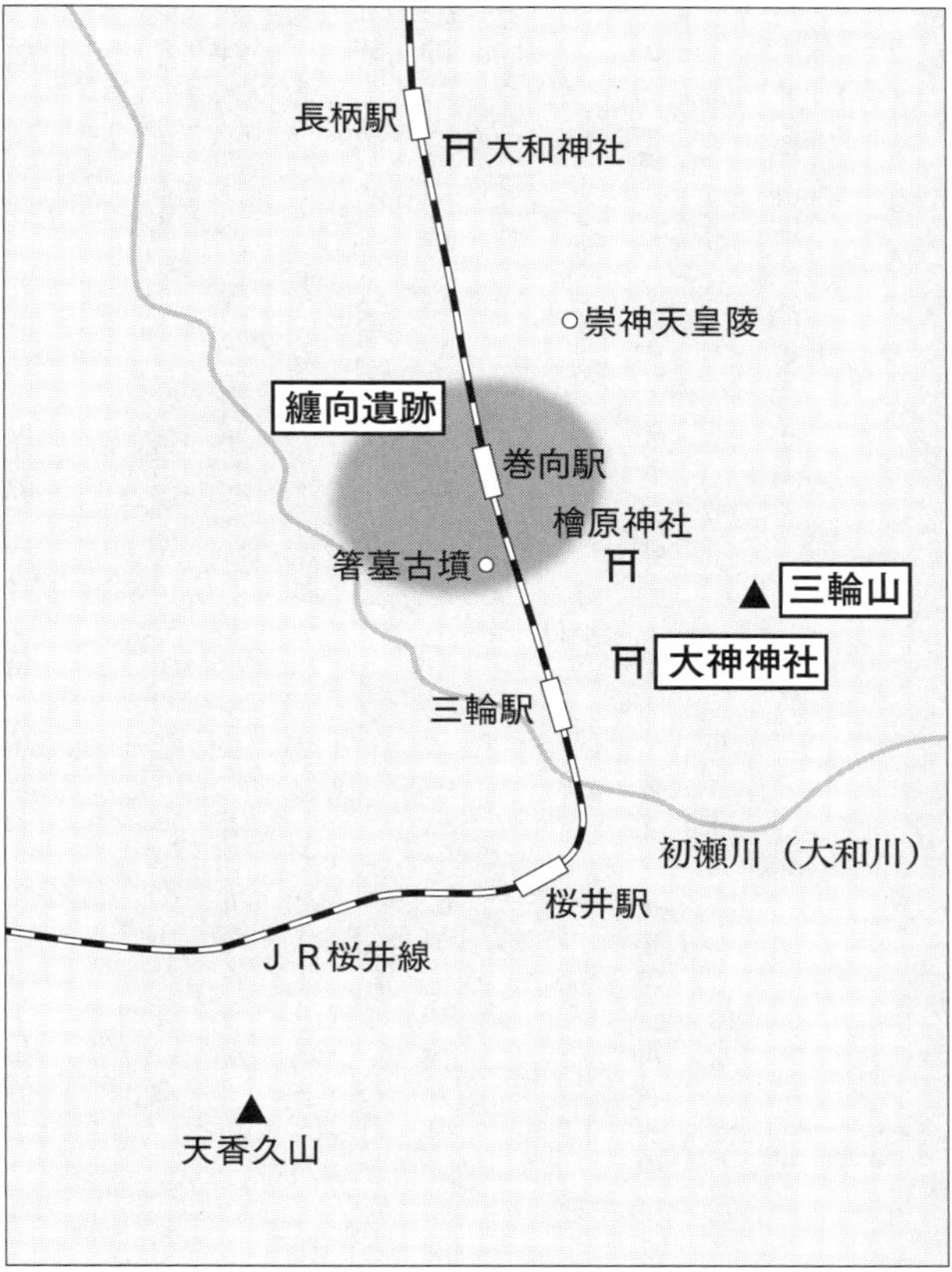

重要だった。だから、天皇家自身が、「祭祀権を放棄する」という場面は、信じがたい事態なのである。

もちろん、『日本書紀』に「崇神天皇は退位した」とは書かれていないし、その後には、崇神天皇の子が皇位を継承していくから、これは邪推《じやすい》だろうか。

しかし、もうひとつ気になるのは、崇神天皇が実在した初代王と考えられていることで、神武天皇と崇神天皇が「同一人物」ではないかと疑われていることだ。そして、その神武天皇の時代、ヤマトの地で、王位はニギハヤヒから神武天皇に禅譲されていたというのである。

筆者は、崇神天皇と神武天皇は、同一人物ではないが、「同時代の人物」ではないかと見ている。そして、ニギハヤヒは崇神天皇で、オオタタネコが神武天皇であり、崇神（ニギハヤヒ）は神武（オオタタネコ）に、王位を禅譲したのではないかと疑っている。そう考える根拠は、いくつかある。

三輪山になぜ天皇霊が祀られる？

大神神社の御神体は三輪山だが、山頂に祀られる高宮《こうのみや》神社の祭神は、日向御子《ひむかのみこ》という聞き慣れない神だ。三輪山と太陽信仰がつながっていることは、よく知られている。そのため、「日向」は「東」の意味で、太陽信仰の神だと考えられている。

しかし、気になるのは、そのまま「日向の神」と称すればよいところ、なぜ「御子」にしたのか、ということだ。

オオタタネコは、山麓の「若宮《わかみや》」で祀られるが、「若」は「子供」をさす。古代人がわざわざ「子供」であることを強調しているのは、「子供（童子《どうじ》）は鬼」という観念があったからだ。

すなわち、オオタタネコは当初、氏神《うじがみ》・オオモノヌシの御霊《みたま》を引き継ぐことで、オオモノヌシの霊を慰《なぐさ》めたが、時には、オオタタネコ自身の霊が暴れることもあると、恐れられたにちがいない。だから、オオモノヌシの御子、「若宮」として祀られたのだろう。

「日向の神」を、なぜ「日向御子」と呼んだのかも、同じ理由である。それは、祀る神が、「日向の恐ろしい鬼」だったからにちがいない。そして、この「日向」は、「南部九州の日向」ではなかったのか。日向からやってきた童子（鬼）を、三輪山において丁重に祀っていたとするなら、つまりそれは、神武天皇である。

つねづね不思議に思っていたのは、『日本書紀』の「三輪山の天皇霊」の話である。敏達《びだつ》十年（五八一）春閏《うるう》二月、蝦夷《えみし》数千人が辺境を犯《おか》した。そこで、首魁《しゆかい》の綾糟《あやかす》らを召《め》し、誅殺《ちゆうさつ》しようとした。綾糟らは、恐れかしこまり、泊瀬《はつせ》の川（初瀬川）のなかに入り、三諸岳《みもろのおか》（三輪山）に向かって、水をすすり、つぎのように誓った。

私たち蝦夷は、いまからのち、子々孫々、清い心を用いて天朝にお仕えいたします。私たちがもし約束を違《たが》えれば、天地《あめつち》の諸神と天皇の霊が、私たちの子孫を滅ぼすでしょう。

何が不思議かといえば、蝦夷たちは三輪山に向かって誓約《せいやく》しているが、なぜ天皇に誓約するために、三輪山を拝まねばならなかったのか、ということだ。三輪山と天皇の霊が、ここでもつながってくる。三輪山は、出雲神オオモノヌシの山ではないのか。

もし仮に、上山春平が指摘したように、天皇の祖神と出雲神が「鏡で映した表と裏」ならば、出雲神オオモノヌシは、天皇家の祖神でもあり、蝦夷たちの行動に、謎はなくなる。そういったわけで、三輪山の「御子」はオオタタネコであり、神武天皇と考えられるのである。

『日本書紀』の描く神武東征も、「強い英傑の征服戦」ではなかった。瀬戸内海から山を越えてヤマト入りをもくろんだが、ニギハヤヒの義兄ナガスネヒコの抵抗に遭い、撃退されている。その後神武天皇は、敵を呪い、敵の裏切りと禅譲によって王位につくことができた。

弓の上に金色のトビが止まり、恐れをなした賊軍が散りぢりになる説話もあるが、このとき神武は神託を得て、天香具山《あまのかぐやま》の土をとり、敵を呪って負けない身体になったのだ。神武が勝ったのは、霊的な力が強かったからであり、それはつまり、「祟る力」である。

ニギハヤヒが神武に王位を譲り渡したのは、神武が「よく祟る、恐ろしい御子」だったからだ。ヤマトの初代天皇の和風諡号《わふうしごう》は「神日本磐余彦尊《かむやまといわれびこのみこと》」で、漢風諡号《かんふう》が「神武」と、どちらにも「神」の一字が添えられているが、これも「神のような偉業をなしとげた」からではない。「神のように恐ろしかった」、「鬼（神）そのものだった」からだろう。

それじたいが祟る恐ろしい鬼（御子）でなければ、大いに祟る出雲神オオモノヌシを鎮めることはできなかったのだ。オオモノヌシの「モノ」は、「物の怪」の「モノ」であり、古代人は「鬼」と書いて「モノ」と読んでいた。

天皇家を呼び寄せたのは、物部氏と尾張氏？

神武天皇は、一度ヤマト入りに失敗したあと、紀伊《きい》半島を大きく迂回《うかい》している。荒《あら》坂津《さかのつ》（三重県度会《わたらい》郡大紀《たいき》町錦《にしき》あたりか）で、丹敷戸畔《にしきとべ》なる者を討《う》ちとった。すると、神が毒気を吐き、みな倒れて動けなくなってしまった。

このとき、熊野のタカクラジ（高倉下）なる者が夢を見た。

その夢とは、アマテラスがタケミカヅチに「お前が地上界に下りて、征討してくるように」と命じた。すると、タケミカヅチは、「私が行かなくとも、国を平定したときに用いた私の剣を下せばおのずと平《たい》らぐでしょう」といい、タカクラジが所有する倉のなかに師霊《ふつのみたま》を置き、「天孫《あめみま》（神武）に献上しろ」と告げた、というものである。

はたして朝になって目がさめると、本当に剣が逆さまに床に突き立っていた。これを神武に献上すると、みな精気をとりもどした。

タカクラジについて、『日本書紀』は「熊野の人」というが、『先代旧事本紀《せんだいくじほんぎ》』は、尾張氏の祖アメノカゴヤマ（天香語山命《あめのかごやまのみこと》）の別名とする。この地域が尾張氏の勢力圏であること、タケミカヅチがそもそも尾張系の可能性は高く、「タケミカヅチ→タカクラジ（アメノカゴヤマ）」のラインが尾張系であることは、矛盾がない。

そして、ここからが肝心なところだが、このあと物部氏の祖のニギハヤヒが、ナガスネヒコを裏切り、神武を迎えいれ、王位を禅譲している。つまり、神武を迎えいれた最大の功労者は、「物部と尾張」だった。

そして、「イヅモいじめ」に走っていたのも、「物部と尾張」である。「出雲の国譲り」神話のなかで、最後にイヅモを追いつめるのは、物部系のフツヌシと尾張系のタケミカヅチだ。

尾張氏の祖は、天皇家と血縁関係にあったと『日本書紀』はいい、物部系の『先代旧事本紀』は、物部氏と尾張氏は同族だったと記す。かように、天皇家、物部氏、尾張氏は、関係が深い。

フツヌシとタケミカヅチは、神話のなかでイヅモに国譲りを強要したが、歴史時代になっても、物部氏と尾張氏の祖は、手を携《たずさ》えてイヅモを封じこめている。物部神社（島根県大田市《おおだ》）の伝承によれば、物部氏はイヅモの西隣の石見《いわみ》に、尾張氏は弥彦山《やひこやま》（新潟県西蒲原郡《にしかんばら》）に拠点をつくることで、イヅモの勢力圏を東西から挟みこんだ。そのため、石見の物部神社は、出雲大社を監視しているという。

すなわち、イヅモを追いつめ、出雲神を追い払った神の末裔が、神武を迎えいれたことになる。以上の流れをまとめてみる。

もし、天皇家の祖神と出雲神が同一とするならば、出雲神は一度零落し、物部と尾張を恨んでいた。そして、出雲神（オオモノヌシ）の祟りにおびえた物部と尾張は、その子・オオタタネコ（神武）をヤマトに呼び寄せ、オオモノヌシを祀らせる。このとき、王位を禅譲したことで、天皇家が始まったのではあるまいか。ここに、ヤマト建国の大まかな筋書きを見ることができよう。

その後の三輪氏

神武天皇と出雲神のつながりについては、のちに述べることにして、オオタタネコの末裔とされる、三輪氏について述べておこう。

ここで、三輪氏が六世紀以降に頭角をあらわした新興氏族とする説がある。また、オオタタネコが「茅渟県の陶邑」で見つかったことから、オオタタネコは「須恵器《すえき》」と関係が深い人物であって、須恵器の生産が日本で始められるのは、四世紀末から五世紀中頃だから、三輪氏は『日本書紀』のいうような、古い氏族とは考えられないとする。

しかし、大田田根子が陶邑で見つかったからといって、そのまま須恵器と関わりがあるとは限らないし、これはオオタタネコの素性を抹殺するために、『日本書紀』があえて陶邑を出身地に仕立てあげたのだろうと、筆者は見ている。もっとも「オオタタネコ＝神武」とするなら、三輪氏は、天皇家とも同族ということになり、その由緒はあなどれない。

ところが、戦後の史学界は、「ヤマト建国来続いた名族」たちの素性を、徹底的に疑ってかかった。その最たるものは天皇家で、「今日まで血統が続いているはずがない」と考えることが「進歩的」という風潮があった。同じように、諸豪族も、五世紀から六世紀ごろに勃興《ぼっこう》したと考えるのが、常識的な判断と、どこかでうなずき合っていたように思う。

これでは、ヤマト建国時から続いていた氏族など、存在しないことになってしまうが、ヤマト建国から八世紀の『日本書紀』編纂《へんさん》まで、せいぜい四〇〇年前後だ。関ヶ原の合戦（一六〇〇）の屈辱を薩摩藩と長州藩の人びとは忘れることができず、明治維新（一八六八）によって恨みを晴らした。人間の社会において、三、四〇〇年は、「気の遠くなるような過去」ではない。恩讐は長く宿るし、氏族の結束も堅いものだと思う。だから、ヤマト建国から八世紀まで、「持ちこたえた家、氏族」が存在して

三輪氏系図

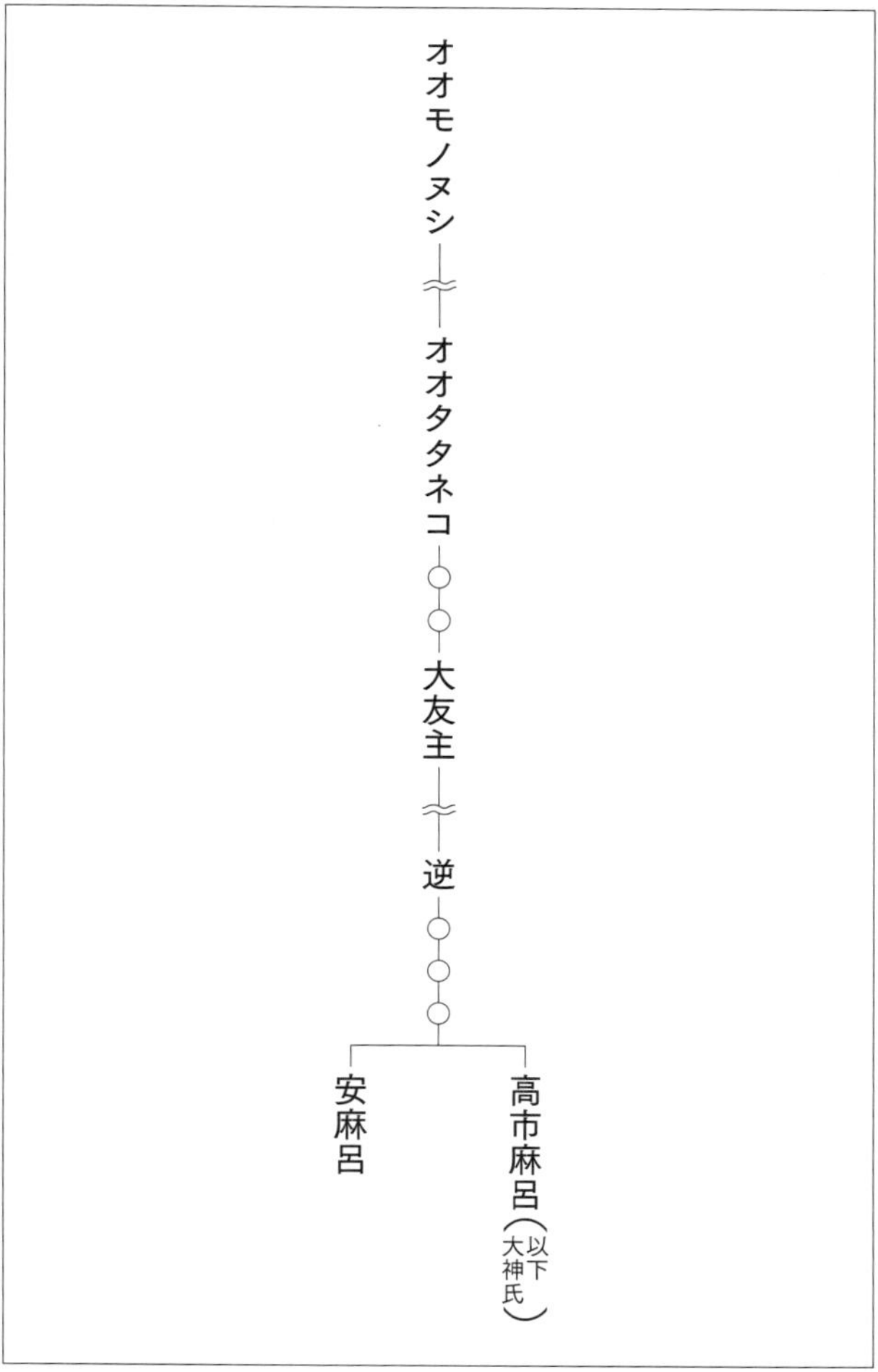
オオモノヌシ
オオタタネコ
大友主
逆
安麻呂
高市麻呂
（以下大神氏）

も、なんら不思議なことではない。

筆者は、三輪氏も物部氏も尾張氏も蘇我氏も、みなヤマト建国の混乱と騒擾《そうじょう》の因縁を長く引きずっていたと考える。むしろそう考えたほうが、古代史を覆《おお》う謎の多くは、霧散《むさん》していくのである。

さて、三輪氏は目立たない存在だが、ちょこちょこと歴史に登場している。

たとえば、垂仁三年春三月、新羅《しらぎ》王子アメノヒボコ（天之日矛、天日槍）が来日し、播磨国宍粟邑《しさわのむら》（兵庫県宍粟《しそう》市）にとどまった。そこで天皇は、三輪氏の祖・大友主《おおともぬし》（オオタタネコの三代後）、倭《やまと》氏の祖長尾市《ながおち》の二名を遣わし、アメノヒボコが何者なのかを調べさせた。ここに登場する倭氏については、第六章で触れる。地理的には、三輪氏の「ご近所さん」で、神武東征に活躍した豪族だ。

また、仲哀《ちゆうあい》九年春二月、仲哀天皇が遠征先で崩御すると、神功皇后と武内宿禰《たけのうちのすくね》は、天皇の喪《も》を秘匿《ひとく》した。そのうえで神功皇后は四大夫《よたりのまえつきみ》に命じて、宮中を警護させた。この四大夫に、中臣氏、物部氏、大伴氏という古代の名門豪族の名とともに、「大三輪大友主《おおみわのおおともぬし》」が名を連ねている。三輪氏はのちに、大三輪（大神）氏を名のるようになった。

つづいて登場するのが、日本史でもっとも知られる三輪氏の人物、逆《さかう》である。敏達十四年（五八五）秋八月、敏達天皇は崩御した。殯宮《もがりのみや》が建てられ、三輪逆は隼人《はやと》たちにその警護を命じる。

その翌年、用明《ようめい》元年（五八六）夏五月、蘇我氏と敵対していた穴穂部皇子《あなほべのみこ》は、殯宮に闖入《ちんにゅう》し、炊屋姫皇后《かしきやひめのきさき》（のちの推古《すいこ》天皇）を姧《おか》そうと企てたが、三輪逆に遮《さえぎ》られてしまう。これを恨んだ穴穂部皇子は、三輪逆を「無礼を働いた」と罵《ののし》り、ひそかに王位を狙うと、物部守屋に命じて、逆を殺させた。

三輪逆の立場は複雑で、物部守屋らとともに、排仏派として仏寺を焼いてしまおうと考えていたのだ。ところが、穴穂部皇子のご乱心によって、味方だったはずの物部守屋に滅ぼされてしまうこととなってしまった。蘇我馬子はこの事件を知って、「天下が乱れるのは、そう遠い話ではない」と嘆《なげ》いたという。

考えてみれば、三輪氏はオオモノヌシを祀るためにヤマトに呼ばれ、神祇祭祀の中心的存在をつとめていたのだから、物部氏とともに排仏派に回るのは、当然のことだった。

その後、三輪氏は、壬申《じんしん》の乱（六七二）で大海人皇子《おおあまのみこ》に荷担したことで、順調に出世したようだ。持統《じとう》三年（六八九）二月に、大三輪安麻呂《やすまろ》は、藤原不比等らとともに判事《ことわるつかさ》（訴訟の審理をおこなう役人）に任命されている。

持統六年の行幸《ぎょうこう》に隠された意味

このように三輪氏は、物部氏と並び、ヤマトの神祇祭祀の中枢に立っていた氏族だと思われる。何しろ、崇神天皇の恐れた祟り神を鎮めたのがオオタタネコであり、その末裔が三輪氏だと『日本書紀』にもあるからだ。

だからこそ、六世紀の段階で、三輪氏は仏教導入に反発したのだろうし、このあと紹介する事件も、「神祇祭祀の節目に起きた事件」なのではないかと思えてくる。

持統六年（六九二）二月十一日、持統天皇は、「三月三日に伊勢に行幸《ぎょうこう》する」と詔《みことのり》した。これに対し、中納言の三輪高市麻呂《たけちまろ》は、農作の時期であることを理由に、とりやめるよう諫言《かんげん》した。しかし、聞きいれられず、三月三日の当日、三輪高市麻呂は冠を脱いで（職を辞す覚悟のあることを示している）、重ねて持統天皇に諫言する。にもかかわらず、その三日後、「伊勢行幸」は断行されたのだった。

ひとつ不思議に思うのは、なぜよりによって、オオモノヌシの末裔・三輪高市麻呂だけが、猛烈に抗議したのだろう。それは、『日本書紀』のいうような「農繁期だから」という理由だけなのだろうか。他の群臣たちは、これを傍観していたのだろうか。持統天皇が三日間躊躇《ちゅうちょ》したという話にも、事態の重さを感じずにはいられない。

いずれにせよ、このときの持統天皇の伊勢行幸、妙にひっかかる。伊勢神宮の整備は、「天武・持統朝」でおこなわれたというが、実際には、この行幸が、大きな節目になっていたにちがいない。

そう思われる理由のひとつは、持統天皇のイメージと伊勢の祭神が重なるからで、持統天皇は、伊勢神宮を整備し、みずからを「偉大な神」に仕立てあげようとしていた。その節目が今回の行幸だったのではあるまいか。

序編で述べたように、「神道」は、「天武・持統朝」から奈良時代にかけて改変されてしまった。ならば、そのきっかけこそ、「持統六年」であり、三輪高市麻呂は「神道そのものの本質が入れかわってしまう危機」を敏感に感じとったからこそ、冠を脱ぐ覚悟までして、持統を諫《いさ》めたのではあるまいか。

『日本書紀』は、持統天皇が大抜擢した藤原不比等が権力者の座についたあとに編纂されたが、このなかで、持統天皇を伊勢神宮に祀られる「太陽神・天照大神」になぞらえている。

持統天皇が崩御した当初の和風諡号も、「大倭根子天之広野日女尊《おおやまとねこあまのひろのひめのみこと》」だったのが、その後に編纂された『日本書紀』のなかで、「高天原広野姫天皇《たかまのはらひろのひめのすめらみこと》」にすりかわっていた。これは、タカマノハラ（高天原）から下界を照らす「太陽神・天照大神」のイメージに他ならない。

なぜ、持統天皇は「太陽神」にならなければならなかったのか。このことが、古代史における最重要のポイントでもある。

第五章　尾張氏《おわり》　——熱田《あつた》神宮

『日本書紀』が記さなかった重要な事実

尾張氏は、古代史のなかでも特異な位置に立っている。その重要性に比して、「何もかも無視されている」といってよい。それは、『日本書紀』が、「尾張氏や東海地方の歴史」を徹底的に隠蔽《いんぺい》してしまっているからだろう。

オハリ（尾張）は、大切な場面で、二度抹殺されている。ひとつはヤマト建国において、もうひとつは、壬申の乱（六七二）においてである。順に見ていこう。

ヤマト建国の地・纒向《まきむく》遺跡の発掘が進み、各地から大量の土器が持ちこまれていることが判明した。そして、近江地方と東海地方から来た土器を合わせれば、過半数に達することもわかった。

ところが、史学界は「東」の土器に関して、冷淡だ。古代史は、ヤマトとその

「西」が中心であって、「東」は「どうせ、労働力として利用されただけだろう」と、高《たか》をくくっている。しかし、これまでの常識は、少しずつ覆《くつがえ》されようとしている。

筆者は、地理的に見て、纏向遺跡が奈良盆地の東南の隅《すみ》につくられたことが、大きな意味を持っていることを、たびたび指摘してきた。つまり、東国とヤマトとをつなぐ大動脈があって、そのヤマト側の玄関口が纏向だ。このことは大きな意味を持っている。

弥生時代後期は戦乱の時代で、ヤマト建国によって混乱は収拾されたが、いくつもの地域の首長がヤマトに集まり、新しい体制を模索している最中、いまだ「あそことうちは仲が悪い」、「あいつは裏切るのではないか」と疑心暗鬼《ぎしんあんき》があった。

そんななか、「西」に向かって鉄壁の防御力を誇るヤマトの、さらに東南の隅に、国の中心をつくろうとしたのが誰なのかが、問題となってくる。すなわち、いったん争乱が起きれば、東国に逃げられ、あるいは東国から援軍を受けいれることができるのが、纏向の利点なのである。

一方、物部氏は、カハチ（大阪府東部）を中心に勢力圏を広げていった。これは、彼らがキビ（吉備）出身で、瀬戸内海が活動の拠点だったからで、ヤマトで追いつめられたとしても、カハチから船に乗って瀬戸内海に逃げればよいのだし、生駒山《いこまやま》から狼煙《のろし》を上げて、援軍を要請することも可能だった。物部氏の拠点づくりもまた、理《り》にかなっていたのである。

そう考えると、やはり纏向は、「東」の勢力が主導して、つくりあげた都であろう。奈良盆地は、縄文時代から弥生時代への移行期、「縄文人の最後の砦《とりで》になった」とも指摘できよう。

東海地方と近江地方を中心とする勢力は、日本海のタニハ（丹波を中心とする文化圏）から先進の文物を受けとり、「前方後方墳《ぜんぽうこうほうふん》」に代表されるような、新しい埋葬文化を創案し、各地にネットワークをつくりあげようとしていた。イヅモやキビは、この動きに動揺し、あわててヤマトに乗りこんだというのが本当のところだろう。

この動きを裏づけるかのような遺跡が、近江地方で見つかっている。それが伊勢《いせ》遺跡（滋賀県守山市《もりやまし》）で、東西約七〇〇メートル、南北約四五〇メートル、面積約三〇ヘクタールと、弥生時代後期を代表する巨大集落跡だ。建物の規模といい、その数といい、独自性といい、かつての常識を打ち破るものだったが、この巨大集落が、纏向遺跡の出現とほぼ同時に縮小していくことも、無視できない。

つまり、第一章で見たような「タニハ連合」なるものがあって、その拠点が、伊勢遺跡などから、ヤマトへと移行していったと見ることはできないだろうか。ヤマト建国のきっかけをなしたのが、オハリであった。しかし『日本書紀』は、こういったヤマト建国時の「東の動向」を、まったく無視している。

尾張氏は、古代最大の争乱である壬申の乱でも大活躍していながら、『日本書紀』は、記事を残していない。

壬申の乱は、天智《てんじ》天皇の弟・大海人皇子と、天智の子・大友皇子《おおとものみこ》が皇位継承権を争い、勝てるはずのなかった大海人皇子が、逆転大勝利をおさめたという戦争だ。

天智天皇の世の最晩年、大海人皇子は、身の回りの世話をする舎人《とねり》（下級役人）を引き連れて吉野に隠棲した。そして、天智崩御ののち、「大友皇子が私を殺そうと兵を集めている」と唱え、東国に逃れた。

これを迎えいれたのが、尾張大隅《おおすみ》である。大海人皇子が頼ったのは、尾張氏だった。この重要な事実を『日本書紀』は記録せず、『日本書紀』に続いて記された正史『続日本紀《しょくにほんぎ》』が、尾張大隅の子・稲置《いなき》に功田《こうでん》を下賜《かし》するという記事のなかで、その理由として述べている。ちなみに、尾張稲置は、熱田神宮大宮司家《だいぐうじけ》の祖となった。

『続日本紀』によると、尾張大隅は自宅を掃《は》き清め、大海人皇子の行宮《あんぐう》とし、軍資を提供したといい、その功績はじつに重大だとしている。それはそうだろう。大海人皇子はほとんど丸腰で「東」に逃れ、近江の正規軍と戦おうというのだ。誰が好きこのんで、大海人皇子に荷担《かたん》するというのだろう。壬申の乱最大の功労者は、尾張大隅といっても過言ではない。

にもかかわらず、『日本書紀』が、この事実を記録しなかったのは、なぜなのか。

敵視される継体天皇の故郷

ここではっきりとさせておかなくてはならないのは、『日本書紀』が、「東」、そしてオハリの活躍を抹殺してしまったことであり、それには何か深いわけが隠されていたにちがいない、ということである。

六世紀初頭、応神《おうじん》天皇五世の孫という人物が、コシ（越、北陸地方）から連れてこられて、継体《けいたい》天皇となる。継体は、「タニハ連合の亡霊」ではないかと筆者は睨《にら》んでいるが、じつはこの天皇擁立を強力に後押ししていたのが、尾張氏である。

継体天皇は、その系譜が怪しいということで、「これは王朝交替《こうたい》に他なるまい」とする意見が強かった。もちろん、疑惑は晴れたわけではないのだが、その一方で、即位と同時に、旧王家の女人・手白香皇女《たしらかのひめみこ》（仁賢《にんけん》天皇の娘）を娶って正妃《せいひ》に立てているため、「養子縁組」、「婿入り」だったのかもしれないと、考えられるようになってきた。

忘れてならないのは、継体天皇がコシにいたころ、尾張氏の女人・目子媛《めのこひめ》を娶り、二人の男子を生んでいたことだ。これが勾大兄皇子《まがりのおおえのみこ》と檜隈高田皇子《ひのくまのたかたのみこ》で、のちに即位して安閑《あんかん》天皇と宣化《せんか》天皇となる。ここに、「尾張系の天皇」が誕生していたわけだ。

この一連の歴史の何が画期的なのかといえば、「蝦夷の盤踞《ばんきょ》する」と『日本書紀』に記された「コシ」から天皇が出現し、しかも後押ししていたのは、東海の雄族、尾張氏だったことだろう。六世紀のヤマトに、「東の政権」が生まれていたという事実にこそ、もっと注目しなくてはならない。

ただし、「尾張の王家」、「東の王家」は、旧勢力から煙たがられていた可能性が高い。というのも、継体二十五年（五三一）春二月、継体崩御の記事に続いて、『日本書紀』は、気になる一文を残している。「『百済本記《くだらほんき》』には、天皇と太子、皇子が、同時に亡くなったと記されている」とあるのが、それだ。もちろん、『日本書紀』はこのあと、勾大兄皇子と檜隈高田皇子、二人の皇子の即位を記してはいるが、そのときの皇位継承をめぐって、大きな争いが起きていたことを暗示している。

『元興寺伽藍縁起《がんごうじがらんえんぎ》 幷《ならびに》 流記資財帳《るきしざいちょう》』などの記事を総合すると、第二十六代継体天皇崩御の直後、第二十九代欽明天皇がすぐに即位していたことになってしまう。それでは、両天皇に挟まれた「尾張系の天皇」は、どうなるのか。南北朝時代のように、欽明朝と安閑・宣化朝という二王朝が併立していたとする論も出た。いずれにせよ、旧王家と尾張氏のあいだに軋轢《あつれき》が生まれていたことは、間違いないだろう。

継体天皇から今上《きんじょう》天皇に至るまで、王家の血統は続いたというのが今日的解釈だから、すると、天皇家の故地《こち》は「東国のコシ」ということになるであろう。

ところが、ここで不思議なことが起きる。八世紀以降、平安時代にかけて、朝廷はなぜか「東」を必要以上に警戒していくからだ。

都で天皇や貴族が亡くなったとき、あるいは不穏な空気が流れたとき、東国につながる「関《せき》」を閉めた。伊勢国鈴鹿《すずか》関、美濃《みの》国不破《ふわ》関（いまの関ヶ原）、越前国愛発《あらち》関（いまの福井県敦賀《つるが》市の南端）の三カ所である。これを「三関固守《さんげんこしゅ》」という。

不破関の先（外側）にある「オハリ」は、安閑・宣化天皇を生んだ尾張氏の拠点であり、また、愛発関の先にある「コシ」は、継体天皇の故郷である。このとき、西国に向けては何の処置もしていないのであるから、まったく不可解だ。天皇を輩出《はいしゅつ》し、後押ししていた地域が、まるで仮想敵だったかのような、あつかいではないか。

祟る草薙剣《くさなぎのつるぎ》とヤマトタケル

熱田神宮（名古屋市）は、尾張氏を祀る神社だが、その主祭神は熱田大神《あつたのおおかみ》、すなわち草薙剣《くさなぎのつるぎ》だ。草薙剣はもちろん、三種の神器《じんぎ》のひとつである。では、なぜ宮中ではなく、遠く離れた熱田神宮で祀られるのだろう。これには、ヤマトタケル（日本武尊《やまとたけるのみこと》、『古事記』の表記は倭建命）がからんでいたと『日本書紀』は記す。

草薙剣が祀られる熱田神宮

ヤマトタケルとオハリ、イセをめぐる地図

ヤマトタケルは、父である景行天皇に東征を命じられると、伊勢に住む叔母・ヤマトヒメ（倭姫命《やまとひめのみこと》）のもとを訪ね、草薙剣をもらい受けている。ヤマトヒメは、最初に伊勢で「天照大神」を祀った女人とされている。

そもそも草薙剣は、スサノヲが八岐大蛇の尾を割《さ》いたとき見つけたものだ。その後、アマテラスに献上され、天孫降臨に際し、ニニギ（天津彦彦火瓊瓊杵尊《あまつひこひこほのににぎのみこと》）が持ちきたって、代々天皇家に伝えられた。そして、ヤマトヒメが「天照大神」を伊勢に移し祀ったとき、草薙剣も所持したということになる。

『古語拾遺《こごしゅうい》』によれば、崇神天皇の御代、八咫鏡《やたのかがみ》とともに宮中からまず笠縫邑《かさぬいのむら》に移され、宮中で祀る神宝は新たにつくり、その後、ヤマトヒメによって、鏡と草薙剣は伊勢に運ばれたという。笠縫邑は、桜井市三輪の檜原《ひばら》神社あたりと考えられている。

ヤマトヒメからヤマトタケルの手に渡った草薙剣は、その後、尾張氏のもとにおかれた。すなわち東征を終え、尾張に戻ってきたヤマトタケルが、尾張のミヤズヒメ（宮簀媛、美夜受比売）のもとに草薙剣をあずけ、伊吹山に向かい、神の毒気にやられ、のちに能煩野《のぼの》（三重県亀山《かめやま》市と鈴鹿市の一帯）で亡くなる。

ヤマトタケル説話は、神話じみていて、創作ではないかと疑われているのだから、すべてを事実とみなすわけにはいかない。しかし、ヤマトタケルと草薙剣には、共通点がある。それが、「祟る」ということだ。しかも、どちらも「天武と持統の時代」に、祟って出ているから、無視できない。

朱鳥《あかみとり》元年（六八六）六月、天武天皇は発熱し、体調を崩した。原因を調べてみたら、これが「草薙剣の祟り」とわかった。このときちょうど、草薙剣は都に留めおかれていたのだ。早速、熱田社《あつたのやしろ》に送られた。

また、『続日本紀』大宝《たいほう》二年（七〇二）八月二日の記事に、「倭建命《やまとたけるのみこと》の墓に震《しん》す」とある。墳墓の鳴動《めいどう》は、不吉な兆候だ。朝廷は丁重に祀りあげている。

この年の十二月二十二日に持統太上天皇は崩御するが、その直前の十月十日、持統は東国行幸を敢行している。近江、尾張、美濃、伊勢、伊賀国をめぐり、十一月二十五日、都に戻ってきた。まさに「老骨に鞭打《むちう》つ」行幸であり、そのわずか一カ月後に亡くなっているのだから、よほどの事情がなければありえなかった行幸だろう。

足跡から見て、それは、ヤマトタケルの霊を慰めるための行幸であったことが想像できる。持統にとって、「ヤマトタケルの祟りを恐れた」理由は何だったのか。ヤマトタケルは、ヤマトへの帰還を夢みて没したが、魂は白鳥《しらとり》になって西に向かったという。その執念が、祟りと何か関わっているのだろうか。

持統天皇は、ヤマトタケルに対し、やましい気持ちがあったにちがいない。ヤマトタケル説話は、『日本書紀』の創作ではない。もし、七世紀、八世紀の都人にとっても、ヤマトタケルの祟りが恐ろしくてたまらなかったというのなら、むしろ『日本書紀』によって抹殺されてしまった「歴史の裏側」が、ヤマトタケルの生涯のなかに隠されているはずなのである。

ヤマトタケル説話とヤマト建国の密接な関係

『日本書紀』や『古事記』のヤマトタケルの説話を読みかえしてみて、気づかされるのは、「ヤマトタケルの生涯は、ヤマト建国の経緯そのものだったのではないか」ということである。

まず、ヤマトタケルは九州に遣《つか》わされ、クマソタケルを討《う》ちとった。その帰り、イヅモに立ち寄り、イヅモタケルをだまし討ちにしている。ヤマトに戻ると、今度は東征を命じられ、「言向《ことむ》け和平《やわ》す」という方法で、まつろわぬ者どもを平らげた。「ヤマト」が「クマソ」（九州）や「イヅモ」を潰《つぶ》し、東国に影響力をおよぼし、これによってヤマトは、「ゆるやかな連合体」となった。ヤマトタケル説話の概略は、考古学の示すヤマト建国の経緯と、よく似ている。

ヤマトタケルは、「ヤマト建国の経緯をひとりで演じている」のではないかと思えてくる。だからこそ、「ヤマトタケル」の名を与えられたのだともいえよう。ヤマトタケルという名を持ちながら、これまでヤマト建国と結びつけて論じられてこなかったことが、むしろ不自然だったと考えるべきではなかろうか。

そして、もうひとついえるのは、「ヤマト建国の悲劇性」をも同時に表現していることで、その「悲劇性」は、「タニハ連合の敗北」を描写したものではないか、ということである。

尾張氏はミヤズヒメを祖にあてている。血統だけを考えると、少しズレてしまうのだが、なぜ、あえてミヤズヒメを祖と仰ぐ必要があったのだろう。それは、「ヤマトタケルこそ、尾張氏の祖」という事実が、古代人にとって「暗黙の了解」だったからではあるまいか。ゆえに、その妻だったミヤズヒメを祖としたのである。ヤマトタケルは、やはり尾張氏の祖であり、タニハ連合の代表だったのかもしれない。

もちろん『日本書紀』は、ヤマト建国にもっとも活躍した、オハリ、アフミ、タニハなど、「東」の勢力を抹殺してしまったから、このあたりの事情は、まったく見えてこない。しかし、タニハ連合によって生みだされた前方後方墳は、北部九州の吉野《よしの》ケ里《がり》遺跡(佐賀県神埼郡《かんざき》)まで伝播《でんぱ》していた。

『日本書紀』は、タニハ連合の歴史を抹殺する代わりに、ヤマトタケルやタケミカヅチらの活躍を暗喩《あんゆ》に用い、神話や説話のなかに、ヤマト建国の「裏側」を隠してしまったのではあるまいか。

興味深いのは、ヤマト建国の直前、日本海側においては、近隣するタニハとイヅモとが敵対し、遠方外交策をとっていたことだ。イヅモは北部九州の虎《とら》の威《い》を借りて力をつける一方で、北陸地方に四隅突出型墳丘墓《よすみとっしゅつがたふんきゅうぼ》を伝え、タニハはさらにその外側の

尾張氏とヤマトタケルの系図

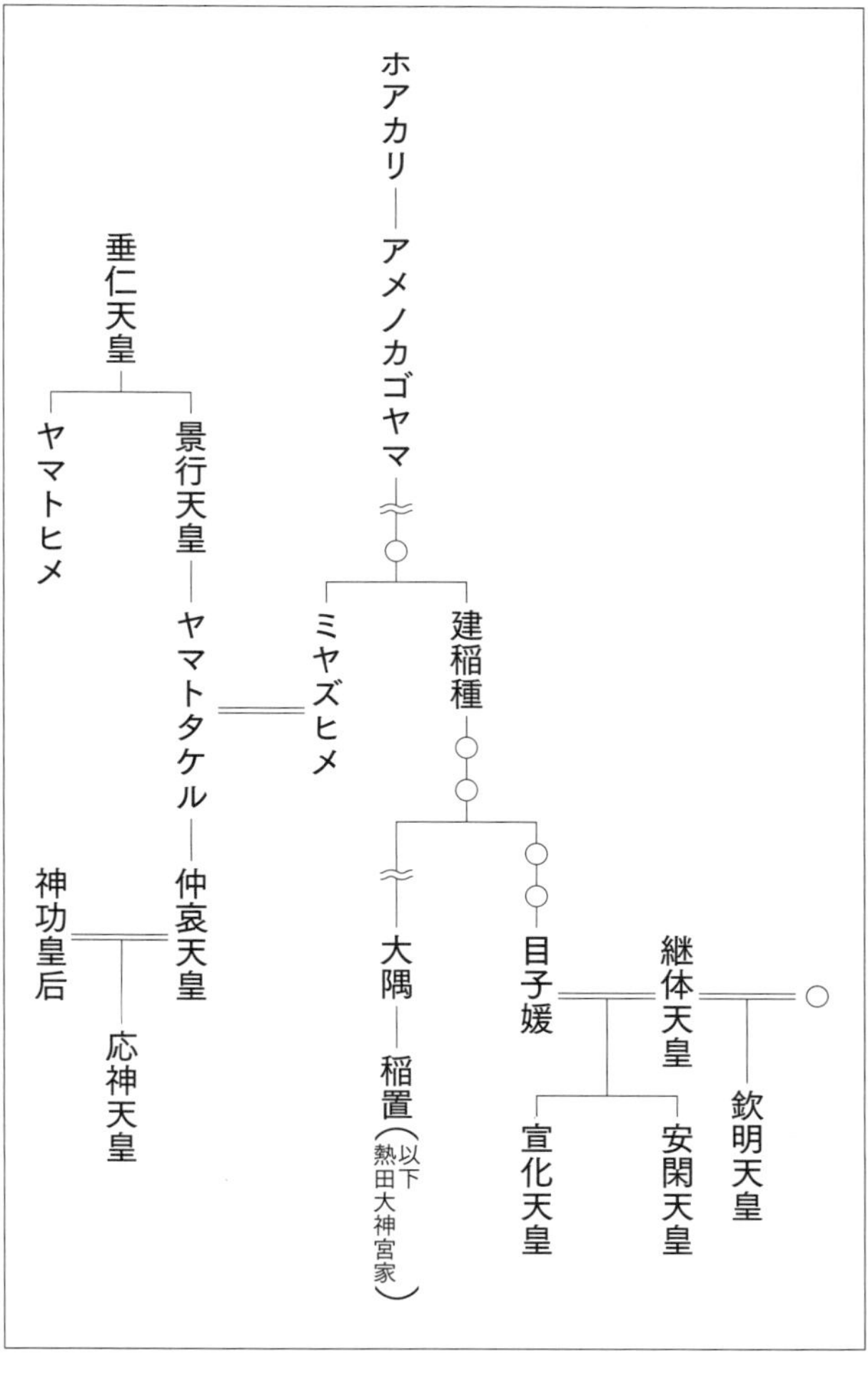

地域と交流を持った。双方で「たすきがけ」の戦略を展開していたのだった。

ところが、ヤマト建国とともに、このような争いも消滅する。イヅモがヤマト建国に参画したからだろう。こうしてイヅモと結ばれていた北部九州は、とり残された格好になった。

じつは、この考古学が明らかにしたヤマト建国前後の日本海側の動きは、ヤマトタケルと無関係ではない。

二つのヤマト

ヤマトタケルの子・仲哀天皇は、西征に赴いている。クマソが背いたからというのだ。このとき、仲哀の妻である神功皇后は、ずいぶんと遠回りしている。なぜか瀬戸内海をそのまま西進せずに、コシからイヅモを経由して「穴門豊浦宮《あなとのとゆらのみや》」（山口県下関市長府《ちょうふ》）に入り、ここで夫と合流したと、『日本書紀』はいう。

問題はこのあとだ。しばらく穴門豊浦宮にとどまったあと、ようやく重い腰を上げ、船を漕《こ》ぎ出すと、北部九州沿岸地帯の首長たちが、こぞって恭順してきた。

神功皇后らが橿日宮《かしひのみや》（福岡県福岡市香椎《かしい》）に拠点を築くと、神託が下り、「クマソにこだわらず、新羅を討て」という。しかし、仲哀天皇は神の言葉を信じなかったために、変死する。

神功皇后は軍勢を率いて南下すると、山門県《やまとのあがた》（福岡県みやま市）の女首長を滅ぼし、転じて新羅を圧倒して凱旋《がいせん》し、のちに応神天皇となる皇子を生み落とした。神功皇后は応神を連れて、ヤマトに戻ろうとしたが、このときは、応神の腹違いの兄たちが「応神は王位を狙っている」と恐れ、迎え撃とうとした。神功皇后はこれらを蹴散《けち》らし、ヤマト入りを果たしたのである。

さて、この神功皇后の一連の動きは、無視できない。その行動を検証することで、ヤマト建国前後の真相を突きとめることができると、筆者は考えている。以下、筆者の推理の概略を述べておこう。

『日本書紀』は、神功皇后の時代に、「魏志倭人伝」にある邪馬台国の記事を引用している。したがって、『日本書紀』の編者は、「神功皇后は、邪馬台国のヒミコかトヨ」といっていることになるが、通説はこれを無視してきた。神功皇后は架空の存在であって、むりやり「魏志倭人伝」の記事と結びつけてしまったのだろうというのだ。

けれども筆者は、神功皇后が、地方の伝承のなかで、「海のトヨの女神」と多くの接点をもっていることを重視する。結論からいえば、神功皇后は「邪馬台国のトヨ」であろう。『日本書紀』の記事を素直に受けいれることで、かえって興味深い推理が成り立つのである。

神功皇后の一行が穴門豊浦宮に長期間逗留《とうりゅう》し、西に動きはじめた瞬間、沿岸部の首長たちが恭順したという話――これは、ヤマト建国後、躊躇していた北部九州の首長たちの様子を描いたのではないかと思えてくる。

弥生時代の最先端地域は、北部九州であり、日本列島でもっとも富み栄えた地域だった。しかし、その首長たちにすれば、ヤマト建国はもっとも恐れていた事態だった。本州島の人びとが集結し、ひとつの勢力としてほぼ固まってしまった時点で、もはや「勝ち目はない」と読んでいたはずだ。

なぜかといえば、北部九州には防衛上のアキレス腱《けん》があって、大分県日田《ひた》市の盆地を東側の勢力に奪われれば、筑紫平野や福岡平野は挟みうちになる。現実に、ヤマトで纏向が誕生したのとほぼ同時に、日田を見下ろす高台に環濠《かんごう》集落が出現し、畿内《きない》系と山陰系の土器が運びこまれている。北部九州にとって、これは悪夢であり、ヤマトに恭順するほか手はなかったのだ。

ただし、一カ所だけ、防衛力のある土地が残された。それが高良山《こうらさん》（福岡県久留米《くるめ》市）の周辺で、神功皇后が攻め落とした山門県の女首長も、この山を城塞化《じようさい》していたと思われる。沿岸部の首長たちは、「もう勝てない」とあきらめたが、内陸部にある山門県の人びとは、「まだまだ勝算はある」と踏んだのだろう。

そして、この山門県こそ、邪馬台国北部九州論のもっとも有力な候補地なのである。しかも、山門と大和は、ともに「ヤマト」を称している。

このときの状況について、山門県の女首長を殺した神功皇后が、いたる場面で「海のトヨの女神」とつながっていたことから、筆者は、「北部九州ヤマト（邪馬台国）の卑弥呼」を「畿内ヤマトの台与《とよ》（神功皇后）」が倒したもの、と推理している。

神功皇后の誤算

江戸時代の国学者・本居宣長《もとおりのりなが》も、同様の問題に注目していた。邪馬台国は畿内（ヤマト）にあったのに、北部九州の女首長が「われわれがヤマト」と偽《いつわ》って魏《ぎ》に報告してしまったと推理した。これが「邪馬台国偽僭説《ぎせんせつ》」である。

筆者も、山門県の卑弥呼が、外交戦で形勢逆転をもくろみ、「倭国のヤマト」を名のって魏に朝貢し、「親魏倭王《しんぎわおう》」の称号を獲得することに成功したと読んでいる。しかし、ヤマトは神功皇后（トヨ）を九州に遣わし、一気に「ニセ」のヤマトを潰してしまった。

ただし、「親魏倭王＝卑弥呼」を殺したことを魏に知られたくないがために、神功皇后（トヨ）が、北部九州で新たな倭国を名のらざるをえなくなったのだろう。このため、ヤマトと神功皇后とのあいだに疑心暗鬼が生まれてしまった。

『日本書紀』は、このあと神功皇后は、幼い応神を引き連れ、「東」を圧倒したというが、実際には北部九州を追われたのではないか、と考えている。もし仮に、神功皇后がこのままヤマトに勝利していたのなら、『日本書紀』は、神功皇后を初代王にし

二つのヤマト概念図

ていたはずだからである。そうならなかったのは、北部九州で神功皇后は敗れ、有明《ありあけ》海《かい》から船を漕ぎだしたからではなかったか。すなわち、これが「出雲の国譲り」と「天孫降臨」の神話の真相である。

ふたたび思いだしてもらいたいのは、出雲神話だ。国譲りは、フツヌシとタケミカヅチの手でおこなわれていたこと、これは、それぞれ物部氏と尾張氏と関わりの深い神であって、そこからひとつの図式があぶりだされてくる。

神功皇后（トヨ）が山門県の女首長を滅ぼし、新たな親魏倭王となって、日本の政治地図は塗り変わった。これまでは、「畿内の新生ヤマト」と「北部九州」の睨みあいだった。それが、瀬戸内海の覇権を維持したいキビ（物部氏）の勢力と、北部九州沿岸地帯からイヅモ、タニハ、コシと続く日本海勢力との、新たな対立軸に変わった。そして、選択を迫られたオハリ（尾張氏）が、瀬戸内海の勢力に荷担したのではなかったか。

その結果、瀬戸内海側が勝利し、物部氏の祖（ウマシマジ）と尾張氏の祖（アメノカゴヤマ）が日本海に進出した。この歴史を象徴的に描いたのが、「出雲の国譲り」の神話に他ならない。そして、北部九州の地で敗れた神功皇后が向かう土地は、南部九州以外になかったのである。

神武―崇神―応神の系譜

『日本書紀』は、こうしたヤマト建国の詳細を闇に葬る必要があった。その理由に関しては、のちに触れるが、ここで確認しておきたいのは、つぎのことだ。

すなわち、『日本書紀』は、神功皇后やタニハ連合、日本海勢力のすべてをひとくくりにし、「出雲」ひとつの問題として表現してしまったために、一連の歴史を再現するのは困難だったのである。

しかし、発掘調査が進み、ヤマト建国時の日本海側の動きも明らかになってくると、それぞれの地域同士の「うねり」が何を意味しているのか、より具体的な流れを把握できるようになった。

南部九州に逼塞《ひっそく》した神功皇后と応神は、ヤマトを恨み、呪っていた、ということである。逆に、ヤマトにすれば、神功皇后との戦いは、「裏切り」に等しかったという負い目が残ったであろう。

おそらく崇神天皇は、吉備系の誰かで、王位にはついたものの、相次ぐ天変地異と疫病の蔓延に辟易《へきえき》することになった。占ってみると、「出雲神オオモノヌシの祟り」とわかる。この「出雲神」は、瀬戸内海勢力に敗れた日本海勢力の象徴的存在をあらわしている。すなわち、神功皇后やその子・応神天皇であった。

こうして、「出雲神の祟り」を鎮めるため、神を祀る王としてヤマトに連れてこられ、担《かつ》ぎあげられたのが、神武天皇＝オオタタネコであるが、このオオタタネコは、応神天皇と同一人物なのである。すなわち、祟られた崇神天皇のあとに、祟る応神天皇が登場するのだが、このときの応神天皇の事跡を、崇神天皇よりも古い神武天皇の事跡として語らせている。このカラクリによって、神武―崇神―応神という、「神」の一字を持つ三天皇の皇統譜《こうとうふ》が構成されていた。

神功皇后は、新羅遠征から、産み月を過ぎた皇子をお腹に入れたまま九州に戻ってきて出産した。これが、「胞衣《えな》にくるまれて地上界に舞いおりた」という、天孫降臨のニニギ（天津彦彦火瓊瓊杵尊）にそっくりだと指摘されている。また、瀬戸内海を東に向かい、政敵を圧倒したという話は、神武東征とあまりによく似ていると、古くから不思議がられてきた。ようするに、神功皇后と応神天皇の事跡は、ヤマト建国前後の瀬戸内海と日本海の葛藤《かっとう》の歴史そのものだったわけである。

この推理によって、「天皇と出雲神は、鏡に映した表と裏」という、上山春平による指摘の意味するところも、ようやく明瞭になったといえるのではないか。

さらに、ここが大切なことだが、タニハ連合の分裂こそ、多くの悲劇を生みだすことになったということだ。最初にタニハ連合を形成した地域（タニハ＋アフミ＋オハリ）と、最終的にタニハ連合に与《くみ》したイヅモと北部九州は、ほとんどの場所が、ヤマト建国後に没落しているからだ。これに対して、ひとり勝ちしたのは、キビ（瀬戸内海勢力）の物部氏である。

ここに、神功皇后を裏切った人びとの側にも、やるせない気持ち、恨みが残された。そして、ヤマトタケルの恨みは、さらに深い謎に包まれていく。

第六章　倭《やまと》氏　――大和《おおやまと》神社

知られざる名社

大和《おおやまと》神社は、石上神宮と大神神社の中ほどに位置する。『延喜式《えんぎしき》』に「大和坐大国魂神社《やまとにますおおくにたま》」と記されるのがそれで、一の鳥居は旧上《かみ》ツ道に面し、古代の交通の要衝《ようしょう》に鎮座していたことがわかる。祭神をヤマトノオオクニタマ（大和大国魂神《やまとのおおくにたまのかみ》）とし、いわば大和国（奈良県）全体の土地の神ということになる。

数あるヤマトの名社のなかにあって、大和神社の名は、それほど知られていない。かろうじて戦艦大和に大和神社の祭神が勧請《かんじょう》されていたことが知られているぐらいだろうか。大和国の「大和」の二文字を背負っている神社というのに、参拝客で溢《あふ》れているわけではない。まして、大和神社を祀ってきた倭《やまと》氏のことなど、ほとんどの日本人が認識していないだろう。

とはいっても、倭氏の祖のなかには、応神朝から雄略朝まで、実に七代の天皇に仕えたという吾子籠《あごこ》が存在する。このような長寿は、蘇我氏らの祖である武内宿禰や中臣烏賊津《いかつ》の他に例がない。『日本書紀』の意図的な創作であろうが、それだけ、倭氏の存在感が大きかったことの証《あかし》でもある。

実際に、古代における大和神社の存在感は大きい。持統六年（六九二）には、藤原宮《ふじわらのみや》の場所を選ぶに際し、伊勢、住吉《すみのえ》、紀伊《きい》、菟名足《うなたり》の四社とともに、この神社が奉幣《ほうへい》を受けている。神階《しんかい》も非常に高く、伊勢神宮に次ぐほどの地位にあった。

それもそのはず、崇神天皇の時代まで、祭神のヤマトノオオクニタマは、アマテラス（天照大神）とともに、宮中で祀られていたのだ。

なぜ、朝廷がこれほど重視していた大和神社が無名なのかといえば、それは祀っていた倭氏の正体を、われわれが見失ってしまったからだろう。この古代豪族は、多くの秘密を握ったまま、『日本書紀』によって正体を抹殺されてしまったのではあるまいか。

水先案内人として登場

倭氏の祖は、珍彦《うづひこ》（椎根津彦《しいねつひこ》）といい、神武東征の場面であらわれる。『日本書紀』には、つぎの説話が載《の》っている。

神武天皇の一行が日向《ひむか》を発《た》ち速吸之門《はやすいのと》（豊予海峡《ほうよ》）にいたったとき、ひとりの漁師がいた。小舟に乗って近づいてきたので、天皇はお召《め》しになり、「何者か」と問いただした。すると、「私は国神《くにつかみ》の珍彦と申します。入江で釣りをし、天神《あまつかみ》の子がいらっしゃると知り、こうしてお迎えに駆《か》けつけました」と述べる。そこで、「お前は、私のために先導役がつとまるか」と聞くと、「導きつかまつらむ」と答えたので、天皇は勅《みことのり》して、漁師に椎竿《しいざお》の先をつかませ、皇舟に引き入れて、水先案内人にした。そして、漁師に名をたまわり、椎根津彦とした。これがすなわち、倭直部《やまとのあたいべ》の始祖だという。

これが、『古事記』の場合、珍奇な格好で登場する。

神武天皇が吉備の高島宮《たかしまのみや》から出航してヤマトを目指していたとき、速吸門で、亀の甲羅《こうら》に乗って釣りをしながら袖《そで》を振ってやってくる人に出会った。そこで、呼び寄せて「お前は誰だ」と問いかけた。すると、「私は国神です」という。「お前は海の道を熟知しているか」と聞くと、「よく知っています」という。そこで天皇が、「どうだ。仕《つか》えてみないか」と問うと、「お仕え申し上げましょう」という。棹《さお》を差し渡し、舟に引き入れ、彼に名を与えた。それが槁根津日子《さおねつひこ》といい、これは倭国造の先祖だという。

一般的には、亀に乗って釣りをする男といえば、浦島太郎を思いだすのではないだろうか。なぜ珍彦は、このような姿で登場したのだろう。ちなみに、浦島太郎は、『日本書紀』や『万葉集』、『風土記』に登場する「実在の人物」なのである。

天皇に祟る神々

崇神天皇の時代にオオモノヌシが祟った事件は、すでに話したが、その直前のこととして、『日本書紀』につぎの記事が載る。

天照皇大神と倭大国魂神の二柱の神を並べて天皇の大殿《おおとの》のなかに祀っていた。ところが、その神の勢いを恐れ、ともに住んでいられなくなった。そこで、天照皇大神を豊鍬入姫命《とよすきのいりひめのみこと》に託し、ヤマトの笠縫邑に祀り、神籬《ひもろぎ》（神を祀る森）を建てた。また、倭大国魂神を渟名城入姫命《ぬなきいりひめのみこと》に託し祀らせた。すると、渟名城入姫命の髪が抜け落ち、やせ細ったので祀ることができなくなった。

この話は、垂仁二十五年三月条につながってゆく。アマテラスの祭祀を豊鍬入姫命からヤマトヒメに換え、その結果、ヤマトヒメは祀る場所を求めてさすらい、最終的に伊勢の地にたどり着くという話である。

一方の倭大国魂神は、崇神七年秋八月条、十一月条で、オオモノヌシの祭祀の話へ

大和神社拝殿から見た本殿

旧上ツ道に面した大和神社一の鳥居

本社より800メートルほど南に、摂社・渟名城入姫神社がある。ヤマトノオオクニタマを祀って衰弱した渟名城入姫が祭神

一の鳥居から二の鳥居を望む。森に囲まれた静寂な参道が続く

とつながっていく。

崇神七年秋八月、倭《やまと》迹速神浅茅原目妙姫《とはやかむあさぢはらまぐはしひめ》（倭迹迹日百襲姫命《やまとととひももそひめのみこと》）ら三人の人物が同じ夢を見たと奏上《そうじょう》してきた。

「昨日の夢にひとりの貴人《きじん》があらわれ、つぎのように教えました。『大田田根子をもって大物主神を祀る主とし、また、市磯長尾市《いちしのながおち》をもって倭大国魂神を祀る主とすれば、かならず天下は太平になろう』というのです」

天皇は喜ばれ、大田田根子を求めた。

そして、オオタタネコは見つかった。さらに話は、つぎのように続いていく。同年十一月条の記事である。

崇神天皇は、物部氏の祖・イカガシコオに命じて、物部八十手《やそで》（物部の多くの人びと）がつくる祭具を使い、大田田根子を大物主神を祀る主とし、また、倭直の祖・長尾市を倭大国魂神を祀る主とした。そのあとに、その他の神を祀りたいと占ったら、「吉」と出た。そこで、八十万《やそよろず》の神々を祀り、天社《あまつやしろ》（天神を祀る社）、国社《くにつやしろ》（国神を祀る社）、神地《かんどころ》（神を祀る費用をまかなう土地）、神戸《かんべ》（神社に属する家）を定めた。こうして疫病は終息し、国内はようやく鎮まり、五穀は実り、百姓は豊かになった。

さらに、垂仁二十五年三月条の別伝《べつでん》には、つぎの記事がある。

倭姫命が、伊勢に天照皇大神を遷《うつ》し祀ったときのことだ。倭大神《やまとのおおかみ》（ヤマトノオオクニタマ）は、穂積《ほづみ》臣の遠祖大水口宿禰《おおみくちのすくね》に神がかり（憑依《ひょうい》）して、つぎのように教えた。

「初めのとき（天地開闢《かいびゃく》の直前）、契《ちぎ》って『天照大神は天原《あまのはら》（高天原、天上界）を治めよ。皇御孫尊《すめみまのみこと》者もっぱら葦原中国《あしはらのなかつくに》の八十魂神《やそたまのかみ》（天神地祇）を治めよ。私は、みずから大地官《おおつちつかさ》（国を守る神、国魂）を治めよう』と仰《おお》せられた。仰せごとはこれで定まった。しかし、崇神天皇は神祇を祀ったといっても、詳しく根源を探《さぐ》らず、枝葉《しよう》だけでやめてしまった。だから、(崇神)天皇は短命に終わったのだ。あなた(垂仁天皇)は、先皇《さきのみかど》のおよばなかったことを改めて、慎んで祀れば、その寿命は延び、また天下は太平となるだろう」

これを聞いた天皇は、中臣連の祖・探湯主《くかぬし》に命じて、大倭大神《やまとのおおかみ》(ヤマトノオオクニタマ)を誰に祀らせればよいかを占わせると、渟名城稚姫命《ぬなきわかひめのみこと》がよいと出た。

ヤマトノオオクニタマは、垂仁天皇に対して、父の崇神天皇のようになりたくなければ、もっと丁重に祀れといっているのである。

ただし、これで終わったわけではない。神地を穴磯邑《あなしのむら》(奈良県桜井市穴師《あなし》)に定め、大市《おおいち》の長岡岬《ながおかのさき》(桜井市北部、巻向山《まきむくやま》の西方)で祀らせたところ、渟名城稚姫命(崇神六年条の渟名城入姫命と同一か?)は、やせ細り、祀ることができなくなってしまった。そこで、倭氏の祖・長尾市宿禰に命じて、祀らせたという。

つまり、オオモノヌシだけではなく、ヤマトノオオクニタマも、崇る恐ろしい神だったわけだ。また同時に、アマテラスも、「いっしょに暮らすことはできない」と、放逐《ほうちく》された神なのだから、やはり恐ろしい神だったことになる。

倭氏は、いつから天皇に従ったか

出雲神のオオモノヌシが祟るという話は、まだ理解できても、ヤマトノオオクニタマとアマテラスが恐ろしい神だったという話を、どうとらえればよいのだろう。少なくとも倭氏は、神武天皇の水先案内人として功績を残しているわけで、彼らの祖神が祟るという状況が、どうしてもよくわからない。だいいち水先案内の貢献ぐらいで、その祖神を宮中で祀るようになっていたという話も、腑《ふ》に落ちない。倭氏とヤマトノオオクニタマ、何か大きな秘密を握っているのではあるまいか。

中村生雄《なかむらいくお》は、これらの説話について、「天神とその子孫の地上支配に抵抗する国つ神とその一族の怨《うら》みそのものがこの異伝を生み出したと考えざるをえない」とし、つぎのように述べる。

高天原の主神である天照《あまてらす》が畿外《きがい》に去ったのにたいして、大和の旧来の国つ神の主である倭大神は、その威力をいやがうえにも輝かせて大和の国魂の地位を保持しており、しかもこの神の意を体して祀りを行いうるのは、決して大王家の娘や天孫系の祭祀氏族などではなく、元来の大和の支配者たる倭直の祖ナガヲチひとりであった、というところにある。（中村生雄『日本の神と王権』）

なるほど、倭氏は天皇家以前のヤマト土着の首長で、あとからやってきた天皇家は、彼らの祭祀形態を尊重せざるをえなかったということになる。

しかし、この説話には、もう少し違った意味あいが込められていたように思える。その話は、第九章の伊勢神宮の段でお話ししようと思う。ここで注目しておきたいのは、「女性の役割」のことである。

ヤマトノオオクニタマの一連の説話を読みなおすと、不思議なことに気づかされる。二回にわたってヤマトノオオクニタマを祀る場面があったが、両方とも「巫女がこの神を祀ったが体を壊してしまった」というのだ。これは、いったい何を意味しているのだろう。

中村生雄は『日本の神と王権』において、「日の神」の子孫として畿内に「侵入」してきた王家と、「ヤマトの地霊」であるヤマトノオオクニタマを祖神と仰《あお》ぐ倭氏との競合と協調という、複雑な関係のなかで、天皇家の日の神（アマテラス）は伊勢に追いやられ、倭氏の祀る日の神がヤマトに残ったと指摘した。そして、「日の神をめぐる祭祀上の争いに勝利したかに見えた倭直が、その後の政治過程においては反対に敗北を余儀なくされた」と指摘した。その「政治過程」は、つぎのような話だ。

注目すべきは、先述した吾子籠のことである。

吾子籠は長寿であることで目立っているが、もうひとつ、大切な事件にかかわっていた。仁徳《にんとく》天皇の子で、応神天皇の孫にあたる履中《りちゅう》天皇の即位前紀に、つぎの話が記されている。

仁徳天皇が崩御し、履中天皇が即位する直前、同母弟の住吉仲皇子《すみのえのなかつみこ》が謀反《むほん》を起こし、太子（履中）の宮を囲もうとした。太子は謀反の報告を受けたが、信じなかった。報告した者たちは、太子を馬に乗せ、宮を離れた。

危《あや》うく難を逃れた太子だったが、倭直吾子籠は、もともと住吉仲皇子と昵懇《じっこん》の間柄だったので、謀反に荷担しようと考え、兵を集めて太子軍を防ごうとしていた。しかし、太子の軍勢が多かったので観念し、寝返ったのだ。

「太子の危機を知り、お助けしようと思っていました」

と、吾子籠は弁明した。太子は吾子籠を疑い、殺そうと考えた。吾子籠は震えあがり、妹の日之媛《ひのひめ》を献上し、ようやく死罪を免《まぬが》れた。

『日本書紀』は、この事件を評して、「倭直らが采女《うねめ》を貢上《こうじょう》するきっかけになったのだろうか」と結んでいる。

ヒメを差しだしただけで謀反の疑いが晴れたのは、いかにも不自然と思われるかもしれない。しかし、この奇妙な記述の裏側には、じつに象徴的な意味が込められていたのだ。

崩壊していくヒメヒコ制

まず、吾子籠と妹の日之媛の関係は、「ヒメヒコ制」そのものである。日之媛は倭氏の祖神《そしん》を祀る巫女であり、「ヒメ」であり、「ヒコ」である吾子籠に祖神のパワーを注《そそ》ぐ関係にあったと思われる。

雄略二年十月条には、「皇太后《こうたいごう》の意をくんで、大倭国造・吾子籠宿禰が宍人部《ししひとべ》に人を献上し、諸臣もつづいて献上した」という記事がある。

いきさつは以下のとおり。雄略天皇が、狩りの最中に些細《ささい》なことで機嫌を損《そこ》ね、人を殺してしまい、民はおじけづいた。そこで、皇太后と皇后は気を利かせて、「倭の釆女・日媛《ひのひめ》」に酒を献じてお迎えさせた。雄略は美しい釆女の登場に喜び、手をとって後宮に連れていった。

この「倭の釆女・日媛」は、吾子籠の妹の日之媛と同一とする説もあるが、時代が離れすぎているため、別の人物とする説が有力である。いずれにせよ、倭氏が、謀反事件の一件以来、恒常的に釆女を天皇に貢上しており、倭氏はヒメヒコ制の祭祀形態をいち早くとりやめ、天皇に祭祀権を差しだしてしまったことを意味している。

いわゆる土着の首長たちが采女を天皇に差しだすという行為は、政治的人質と考えられてきたが、そうではない。それぞれの地域、それぞれの氏による祖神祭祀の権利を、王家にゆだねることを意味していた。そして、ヤマトの王（天皇）は、采女を献上させることによって、本来ならそれぞれの氏上《うじのかみ》に注がれるべき氏神のパワーを、一身に受けることになった。

ヤマトの王は、采女を献上させることで、地域ごとのヒメヒコ制を破壊しつくし、祭祀権を一元化した。ヤマトにおいて、そのきっかけをつくったのが、倭氏だったということになる。そして、きっかけをつくった功によって、倭氏が大倭（大和）国の国造家となったと考えるのが、自然であろう。

ヒメヒコ制が崩壊していく過程で繰りかえされていた悲劇の一例が、『日本書紀』に紹介されている。

垂仁四年秋九月、垂仁天皇皇后である狭穂姫《さほひめ》の同母兄・狭穂彦王《さほひこのみこ》が、謀反を企てている。しかも、妹に夫の暗殺を命じたのだった。天皇の寝首をかけ、というのだ。

しかし葛藤《かっとう》のすえ、垂仁に真相を暴露した狭穂姫は、狭穂彦王のもとに駆けつけ、兄との死を選ぶ。

ここでの狭穂彦王と狭穂姫を「ヒメヒコ制の兄弟姉妹」の関係とみなす倉塚曄子《くらつかあきこ》は、『古代の女』のなかで、『古事記』がこの事件を淡々と描くのに対し、『日本書紀』が謀反人の兄に対する愛と、天皇に対する大義との板挟みになって苦しむ狭穂姫を「哀れな女性」に描いている点に言及する。

それは、「支配者的儒教倫理を受け入れた律令官人である書紀の編者からすれば、天皇に弓をひく者の末路は最初からきまっている」からで、「兄妹間の独特の愛情に共感しうる精神性はもちあわせていなかった」と指摘し、そのうえで、この物語が、ヒメヒコ制の終焉《しゅうえん》の物語になっているとした。

また、実際には、ヒメヒコ制は、天武天皇の時代の斎宮制の開始をもって終わるが、『日本書紀』は、狭穂彦王と狭穂姫の説話を用いて神話的に語ったというのである。

倭氏の一連の説話や狭穂彦王・狭穂姫の悲劇は、みな「ヒメヒコ制」がしだいに崩れていくさまを描写していたことになる。

錯綜《さくそう》するホアカリの系譜

どうにもここで納得しかねるのは、倭氏とヤマトノオオクニタマの立場である。いまでこそ大和神社を訪ねる参拝者は少ないが、かつて伊勢神宮に次ぐ待遇を朝廷から受けていたのだ。そのわりに、倭氏の歴史に残された活躍が少ないのはなぜだろう。なぜ天皇家は、ヤマトノオオクニタマの祟りにおびえたのだろう。『日本書紀』は、まだ何かを隠しているにちがいない。

倭氏といえば、無視できないのは、丹後の籠《この》神社（京都府宮津《みやづ》市）に残された『海部《あまべ》氏系図』ではなかろうか。海部氏の系図で、丹後国造に提出されたものの副本で、現存最古の系図として国宝に指定されている。

この系図のなかに、倭氏に関係するのではないかと思われる、倭宿禰命《やまとのすくねのみこと》なる人物が記録されていた。しかも、この人物、なぜか尾張氏とつながってきてしまう。

「本系図」には、海部氏の祖は彦火明命《ひこほのあかりのみこと》で、その三世の孫が倭宿禰命とある。さらに「本系図」に注を加えた「勘注《かんちゅう》系図」には、倭宿禰命の父は天村雲命《あめのむらくものみこと》で、日向国に天降り、丹波国に移ってきたとある。また、倭宿禰命の別名は「天御蔭命《あめのみかげのみこと》」

と記録する。

そして倭宿禰命は、神日本磐余彦天皇（神武）の時代に祖神から伝来した天津瑞《あまつしるし》の神宝《かんだから》（息津鏡《おきつ》と辺津鏡《へつ》）を献上し、仕え奉ったと記される。余談ながら、いまもって籠神社に伝わる息津鏡は前漢鏡《ぜんかん》、辺津鏡は後漢鏡《ごかん》と、たいへんな古鏡であることがわかっている。

この系図から、倭宿禰命が、彦火明命の末裔だったこと、神武天皇とかかわりがあったことがわかる。問題はここからだ。

物部系の歴史書、『先代旧事本紀』によれば、天叢雲《あめのむらくも》（『海部氏系図』が倭宿禰命の父とする天村雲命と同一人物だろう）は、ニギハヤヒの孫で、アメノカゴヤマ（天香語山命）の子だという。天叢雲は、伊勢外宮《げくう》を祀る度会《わたらい》氏の祖でもある。

それはともかく、倭宿禰命の父が、ここで物部氏の系譜ともつながってきたわけだ。ややこしくなってきた。

いっぽう、彦火明命は、『日本書紀』が尾張氏の祖とするホアカリ（火明命《ほあかりのみこと》）でもあるのだが、この神をめぐる系譜も、じつに錯綜《さくそう》している。文書によって、いっていることがまったく違うからだ。

そこで、ホアカリと尾張氏にも、注目しておかなければならない。

『日本書紀』によれば、尾張氏の祖は、天孫降臨の主役・天津彦彦火瓊瓊杵尊（ニニギ）の子の火明命というが、別伝には、天津彦彦火瓊瓊杵尊の兄の天火明命《あめのほあかりのみこと》とも記録する。

『古事記』は、番能邇邇芸命《ほのににぎのみこと》（ニニギ）の兄が天火明命というが、この神が尾張氏の祖とは記していない。尾張氏の祖は、前に記したミヤズヒメ（美夜受比売）である。

『先代旧事本紀』は、天津彦彦火瓊瓊杵尊の兄が、天照国照彦天火明櫛玉饒速日命《あまてるくにてるひこあめのほあかりくしたまにぎはやひのみこと》（ニギハヤヒ）で、その長い名のなかに「火明」の二文字が含まれている。いっぽうで、天津彦彦火瓊瓊杵尊の子に火明命の名をあげる。また、ニギハヤヒの子のアメノカゴヤマが尾張氏の祖といっている。

『日本書紀』は、尾張氏と天皇家をつないでいるのに、物部系の『先代旧事本紀』は、「尾張氏は物部氏と同族」といっている。そのうえで、同書巻第五の「天孫本紀《てんそんほんぎ》」で、尾張氏の十八世までの系譜と略歴を追っている。物部氏にとって、尾張氏はよほど特別な存在だったようだ。

また『播磨国風土記《はりまのくにのふどき》』は、出雲神大汝命《おおなむちのみこと》（オオクニヌシ）の子が火明命だという。

さらに、蘇我氏もまた尾張氏とは強く結ばれていて、六世以降、まるで同族のようにつるんでいる。

ホアカリ――、なぜこれほど多くの系譜のなかに組みこまれてしまったのだろう。なぜ、天皇家と物部氏と尾張氏の系譜は、かくも交錯し、入り乱れているのだろう。

それは、こういうことではなかったか。ヤマト建国の直前、オハリなどが中心となった「タニハ連合」のなかで、首長同士が血縁関係をさかんに結んだであろうこと、さらに、ヤマト建国後はそれに輪をかけて、タニハ連合の首長たちは、イヅモやキビの首長の一族と婚姻関係を結び、ここに巨大な閨閥《けいばつ》が誕生したと考えられる。

すなわち、ヤマトの王家とは、この「キビ＋イヅモ＋タニハ連合」の閨閥そのものなのであって、具体的に、「物部や尾張、蘇我」といった古代豪族は、王家の親族であり、あるいは「王家そのもの」だったといえるのではあるまいか。

当初、天皇家と、こういった古代豪族の系譜は不可分だった。それを分離しようとする作為のなかで、不明瞭となり、複雑化して、やがて闇に葬《ほうむ》られようとした。わかりにくいのは、当然だろう。

ホアカリと尾張氏を振りかえったところで、あらためて籠神社の系図で、それらとつながってくる倭氏や、祖の珍彦（椎根津彦）の素性に注目しよう。

ここでヒントを握っているのは、神武東征の際、ニギハヤヒに裏切られた、あのナガスネヒコである。

共同研究者梅澤恵美子《うめざわえみこ》は、「長いスネ」は、本名ではなく「隠号」であり、それは「水鳥（白鳥）の長い脚《あし》」をあらわしていると解いた。そこからイメージされるのは、ヤマトタケルだ。悲劇のヒーロー、ヤマトタケルは、死して白鳥となってヤマトをめざした。おそらくナガスネヒコは、ヤマトタケルであろう。

そして、ヤマトタケルは、オハリと強い絆で結ばれているのだが、倭氏も系図のなかで尾張氏とつながっていた。さらに、倭氏の祖である珍彦は、袖を振って海の彼方からやってきたとあったが、これは、鳥のポーズをあらわしたものに他ならない。珍彦とヤマトタケルは、鳥のイメージで結ばれている。

ヤマトノオオクニタマは、はじめ宮中で祀られていたが、神威に圧倒された崇神天皇が、これを遠ざけた。それはなぜかといえば、鳥のイメージを持つ「前の権力者」の祟りを恐れていたからではあるまいか。前の権力者とは、すなわち倭氏の祖・珍彦であり、ナガスネヒコであり、ヤマトタケルである。

ここに、『日本書紀』によって抹殺されてしまったヤマト建国の裏側が、ようやくあぶり出されてきた。

第三編　暗躍し、勝ち残った氏族たち

第七章　中臣氏《なかとみ》――枚岡《ひらおか》神社

カハチの住人

中臣氏《なかとみ》の祀《まつ》る神社といえば、藤原氏の氏社《うじしゃ》に関連して、春日《かすが》大社を思い浮かべる人が多いだろう。もっとも、これは平城京遷都後に祀られた神社であるから、歴史はそれほど古くはない。本来、中臣氏の本拠地は、生駒山の西麓に鎮座する枚岡《ひらおか》神社（東大阪市出雲井《いずもい》）を中心とする一帯だった。彼らもまた、物部氏や蘇我氏と同様、カハチの住人だった。

いまの枚岡神社の祭神は、春日大社と同じく、タケミカヅチとフツヌシ、アメノコヤネ（天児屋神）と姫神の四柱《はしら》である。このうちタケミカヅチとフツヌシ両神は、はるか東国にある鹿島《かしま》・香取《かとり》両神宮から、それぞれ勧請《かんじょう》したもので、『三代実録《さんだいじつろく》』には、「枚岡天児屋根命、枚岡比咩《ひめ》神」と二柱《ふたはしら》の名しか記録されていない。

神津嶽の森を背景にして、
枚岡神社の本殿が並んでいる

遙拝所の右には若宮が祀られ、
その奥に出雲井がある。なぜ、
「イヅモ」と名づけられたの
だろうか。若宮は、出雲神を
祀っているのか。この井戸が、
神社のある地名の由来にもな
っている

本殿の右手に、神津嶽の
遙拝所がある

社伝によれば、奥の宮がある神津嶽《かみつだけ》山頂が、アメノコヤネと姫神が最初に祀られていた場所だという。この二柱の神が山の麓で祀られるようになったのは、七世紀半ば、孝徳《こうとく》天皇の時代になってかららしい。

いずれにせよ、中臣氏の祖神は、このアメノコヤネであり、タケミカヅチとフツヌシの祭祀は、あとづけである。

中臣氏は、中臣鎌足の代に「藤原」の姓をたまわり、のちに藤原氏から神祇《じんぎ》の家だけが、「中臣」の姓に戻された。だから、藤原氏も中臣氏も、根っこは同じということだが、実際には、鎌足が「中臣氏の系譜に紛《まぎ》れこんだ」と、筆者は見ている。その、「受けいれた側の中臣氏本体」が、のちになって「もとの姓に戻された」にすぎない。その経緯は、のちに触れることにしよう。

じつは目立たなかった中臣氏

アメノコヤネは、神話の世界に登場する。

『日本書紀』神代《かみよ》上に、アマテラスの有名な「天《あま》の岩屋戸《いわやど》神話」があり、ここでアメ

枚岡神社のある場所は、物部氏の勢力図に隣接している

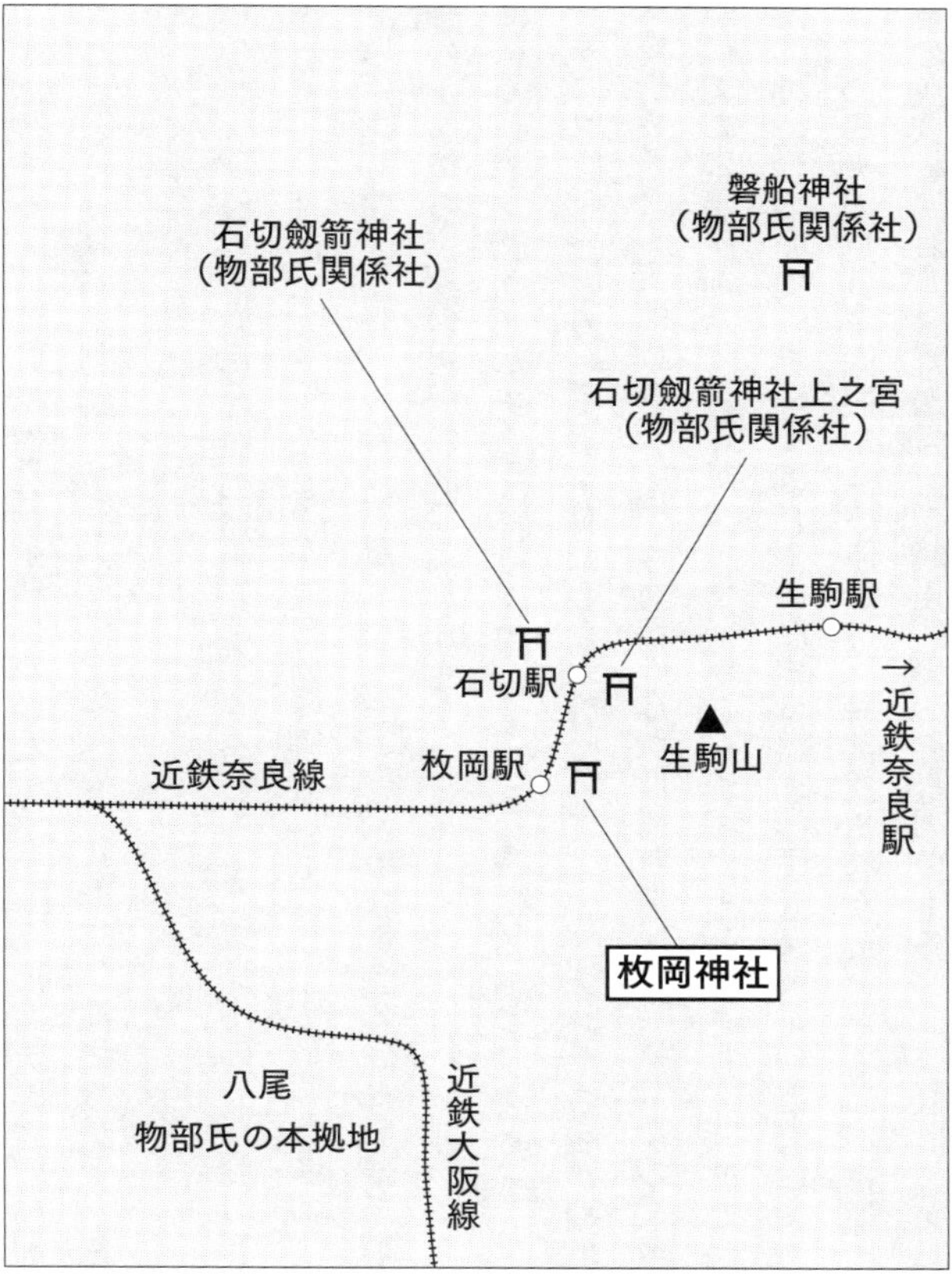

ノコヤネが活躍する。スサノヲの乱暴狼藉《ろうぜき》に驚いたアマテラスは、天の岩屋に籠《こ》もってしまった。国じゅうがまっ暗（常闇《とこやみ》）になったため、八十《やそ》万神《よろずのかみ》たちが天安河辺《あまのやすのかわら》に集まり、策を練《ね》った。

そこで、アメノコヤネと忌部《いんべ》氏の遠祖・太玉命《ふとだまのみこと》が、天香具山《あまのかぐやま》の五百箇《いおつ》の真坂樹《まさかき》（榊）を掘りだし、その上枝《かみつえ》に八坂瓊《やさかに》の五百箇の御統《みすまる》をかけ、中枝《なかつえ》に八咫鏡《やたのかがみ》、下枝《しづえ》には青和幣《あおにきて》、白和幣をかけ、みなで祈禱した。また、猨女《さるめ》氏の遠祖・天鈿女命《あまのうずめのみこと》は、手に茅纏《ちまき》の矛《ほこ》を持ち、天の岩戸の前で踊り狂った。

不審に思ったアマテラスがそっと岩戸を開いてみると、待ち構えていた手力雄神《たぢからおのかみ》が、アマテラスの手をとり、引きずりだした。つづいて、アメノコヤネらが端出之縄《しりくめなわ》（注連縄《しめなわ》）を引き渡し、天照大神が二度と岩戸のなかに隠れないようにしたのである。

以上が、天の岩屋戸神話であるが、アマテラスが岩屋に隠れたきり、二度と出てこなければ、神の世の歴史、ひいては日本の歴史は終わってしまっていたわけである。ゆえに、その最大の危機を回避した中臣氏は、忌部氏や猨女氏とともに、神道において最重要の氏族とされた。だから、由緒正しい一族なのである。

また、「なかつおみ」（なかとみ）の名は、「神と人との中（あいだ）をとりもつ」ことに由来している。古くから神に仕える一族だったことがわかる。

ただし、中臣鎌足が登場するまで、中臣氏は目立った存在ではなかった。中臣烏賊《いか》津《つ》が、神功皇后から允恭《いんぎょう》天皇の代まで活躍した長寿の人だったことぐらいで、想像以上に地味なのだ。あとは、仏教公伝後、物部氏とともに排仏運動にいそしんでいたのが、よく知られているところだろうか。『日本書紀』欽明紀では、物部尾輿《おこし》とともに、中臣鎌子《かまこ》の名があがっている。

ところが、『古事記』では、神話以外の場面で、中臣氏はまったく姿をあらわしていない。これは、とても不思議なことだ。

祖神《そしん》を無視する

古代史の英雄といえば、中臣鎌足である。なにしろ、蘇我入鹿暗殺計画を中心になって練りあげ、実行した人物だ。王家をないがしろにし、専横をくり広げた「古代史上最大の悪玉」を倒した「善玉」と信じられている。

しかし、中臣鎌足の出自に関しては、いくつもの「疑惑」がある。

第一に、『日本書紀』を読むかぎり、中臣鎌足の父母の名がわからない。

第二に、なんの前触れもなく、忽然《こつぜん》と神祇伯抜擢《じんぎはくばってき》記事に登場する。この時代、まだ神祇伯（神祇官のトップ）という役職はなかったはずである。しかも、中臣鎌足は無位無冠で登場するのだから、どうにも胡散《うさん》くさい。

その一方で、中臣鎌足の曾孫・藤原仲麻呂《なかまろ》（恵美押勝《えみのおしかつ》）が編纂《へんさん》した『大織冠伝《たいしょくかんでん》』には、鎌足の履歴が詳しく記されている。彼は、高市郡《たかいちのこおり》の人、アメノコヤネの末裔《まつえい》だ。美気祜《みけこ》（御食子）の長子で、母は大伴夫人《おおとものおおとじ》という。推古《すいこ》三十四年（六二六）に、藤原の地（のちに藤原宮が造立される）で生まれた、というのである。

もしこれが本当なら、なぜ『日本書紀』は、中臣鎌足の素性、父母の名を明らかにしなかったのだろう。くどいようだが、『日本書紀』は、中臣鎌足の子の藤原不比等の絶頂期につくられた歴史書だ。中臣鎌足の資料が散逸《さんいつ》していたとしても、親族の名や父の生まれた場所はわかったであろう。

それにもかかわらず、なぜ中臣鎌足はなんの前触れもなく、歴史に登場したのか。

中臣氏系図

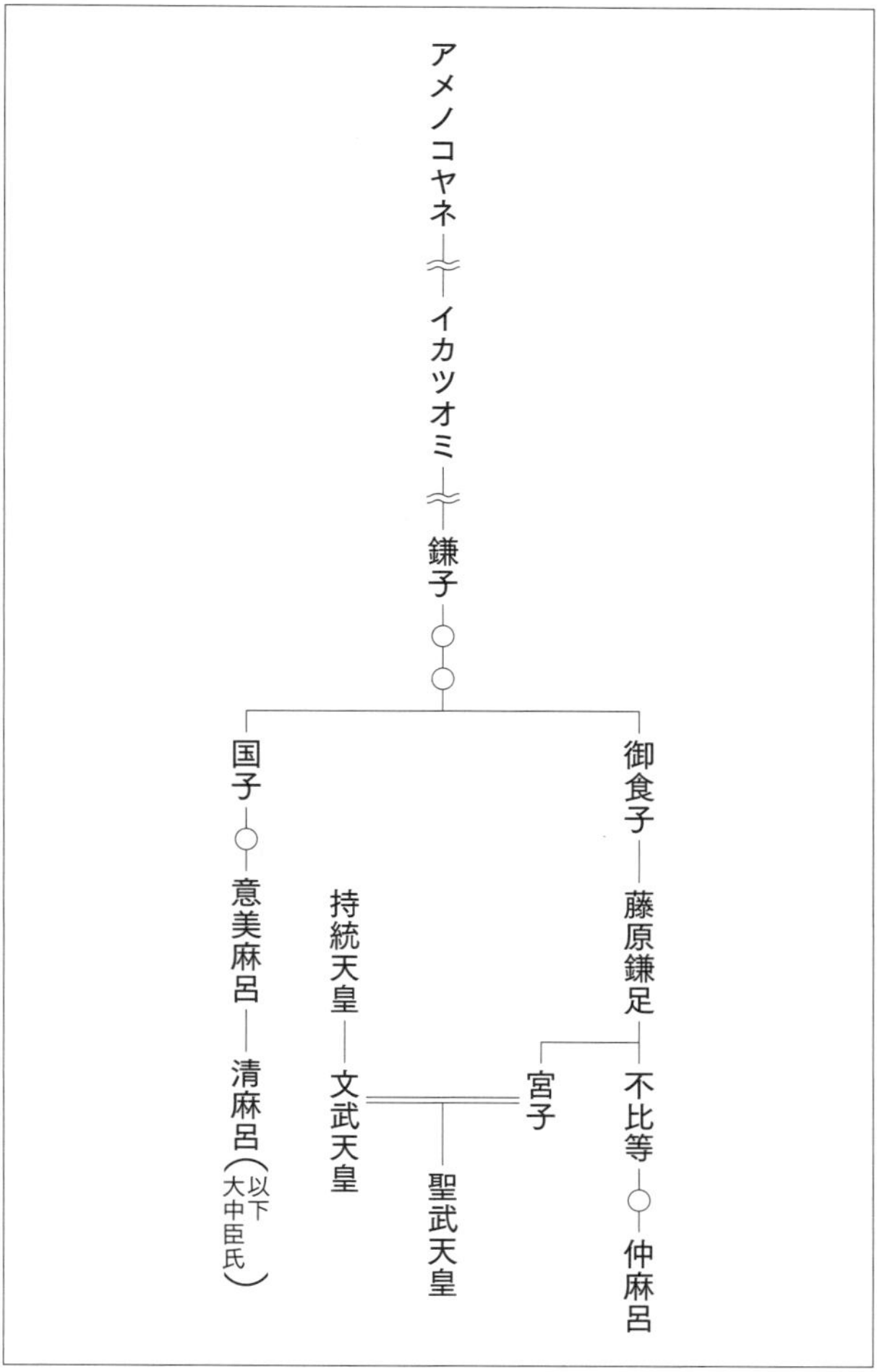
アメノコヤネ
イカツオミ
鎌子
御食子
藤原鎌足
不比等
仲麻呂
宮子
国子
意美麻呂
清麻呂（以下大中臣氏）
持統天皇
文武天皇
聖武天皇

また、祖神《そしん》であるはずのアメノコヤネを祀っていた枚岡神社に、藤原氏による参拝の記録がないというのも不思議なことだ。本来まったく関係のなかった、遠方の鹿島神宮には、使者を立てて参拝させていたにもかかわらず、である。

中臣鎌足は死の間際に「藤原姓」をたまわり、その後藤原氏は、とんとん拍子《ひようし》で出世していく。そして、「太政官《だいじようかん》の藤原氏」と「神祇官《じんぎかん》の中臣氏（のちに大中臣《おおなかとみ》氏）」に分裂していくが、中臣氏は神道祭祀を独占し、神道そのものを改変していってしまった気配がある。

斎部広成《ひろなり》が『古語拾遺《こごしゆうい》』を書いたのも、中臣氏の専横を糾弾《きゆうだん》するためだった。彼が歯ぎしりしているのを見るにつけ、さらに疑念を抱かざるをえない。中臣氏はもともと神祇に携わる一族だったにもかかわらず、いまさら何を変える必要があったのか、深い謎を残すが、これについては第九章でお話ししたい。

そして、何よりも注目すべき点は、藤原氏が、祖神をアメノコヤネから、実質上タケミカヅチとフツヌシにすりかえてしまったことである。

『日本書紀』が、せっかく「中臣氏は神代から続く名門豪族」、「中臣氏の祖はアメノコヤネ」と「明言」しているのに、なぜ後世の藤原氏は、「アメノコヤネを無視する」という態度に出たのだろう。

少なくとも奈良時代のある時期まで、藤原氏はみずからを「アメノコヤネの末裔」といいつづけていた。『日本書紀』編纂は西暦七二〇年、『大織冠伝』が西暦七六〇年ごろの編纂になる。その後の藤原氏が、「アメノコヤネが祖神では、もの足りない」と感じたのではなかったか。

たしかに、タケミカヅチとフツヌシは、「出雲の国譲り神話」で活躍する。しかし、アメノコヤネも「天の岩屋戸神話」で活躍している。けっして見劣りするものではないはずだ。

問題は別のところにあった。鹿島神宮のタケミカヅチは尾張氏とかかわり、香取神宮のフツヌシは物部氏とつながっている。つまり藤原氏は、尾張氏や物部氏の、古代氏族としての格と実績に目をつけた。

『先代旧事本紀《せんだいくじほんぎ》』によれば、中臣氏は物部氏の配下にあって、ニギハヤヒが天磐船《あめのいわふね》に乗ってヤマトに舞いおりたとき、これに供奉《ぐぶ》して、ともにヤマトにやってきたという。カハチにある本拠地も隣接している。また、仏教排斥運動では、物部氏と手を組んでいた。俗な表現をすれば、中臣氏は、物部氏に「金魚のフン」のようにして寄り添っていたわけである。

したがって中臣氏は、尾張氏や物部氏のような、ヤマトの中枢《ちゅうすう》に立ちつづけていた名門豪族の権威に劣等感を持っていた。そして、権力を握るや、その権威を奪いとり、わがものにしてしまったのにちがいない。本物の名門豪族が没落し、その祖神は乗っとられてしまったわけである。

とはいえ、祖神アメノコヤネに、まったく未練を感じていない藤原氏の姿は、かえって不気味である。藤原氏は、本当にアメノコヤネの末裔なのか。

中臣鎌足の正体

ここで結論を述べると、筆者は、中臣鎌足を百済の王子・豊璋《ほうしょう》ではないかと疑っている。豊璋は、人質として来日していた義慈《ぎじ》王の子で、のちに百済に帰還し、即位する人物だ。豊璋は、蘇我氏との政争に敗れ、傾きかけていた中臣氏にとりいり、その系譜に紛れこんだのではなかろうか。

そこで、中臣鎌足が生きた時代の国際情勢を俯瞰《ふかん》しておかなければならない。

中臣鎌足の『日本書紀』の初出が皇極《こうぎょく》三年（六四四）のこと、その翌年に、蘇我入鹿を滅亡に追いこんでいる。

当時の朝鮮半島では、北方の騎馬民族国家である高句麗《こうくり》、東南の新羅、西南の百済が、反目《はんもく》しあっていた。また高句麗は、つねに隋や唐と戦火を交えていた。朝鮮半島南部では、新羅と百済が犬猿の仲で、中国に近い百済が、長いあいだ優勢だった。ところが、後進地帯だった新羅が急成長すると、唐とつながり、勢力図は一変する。

百済の誤算は、頼りになる同盟国日本が、徐々に距離をおくようになったことだ。「親百済」の急先鋒だった物部氏が衰弱し、蘇我氏が台頭したためである。蘇我氏はそれまでの政策を改め、全方位外交を展開した。こうして、朝鮮半島で孤立した百済は、失地を挽回するために、高句麗と手を結び、新羅を攻める手に出るしかなかった。しかし、これが裏目に出た。

新羅は唐に救援を要請し、唐も「高句麗とやりあう前に、まず百済を潰《つぶ》そう」と考えたのだった。両国の思惑《おもわく》が一致した結果、斉明《さいめい》六年（六六〇）、百済は滅亡する。

ところが、百済の名将だった鬼室福信《きしつふくしん》が、百済復興運動を起こす。そして、日本から豊璋を呼び寄せ、王位につけた。また、彼は日本に援軍を要請し、斉明天皇（現実には中大兄皇子《なかのおおえのみこ》が実権を握っていたと思われる）が、九州に赴《おもむ》き、遠征軍を派遣する。この遠征の結末は、古代史ファンではない方も、よくご存じだろう。百済と倭国の軍勢は、唐と新羅の連合軍の前に、完膚《かんぷ》なきまでに叩きのめされてしまった。これが、白村江《はくすきのえ》の戦い（六六三）である。

『日本書紀』によれば、このとき豊璋は、高句麗に逃れたという。また他の文書には、行方不明になった、あるいは、唐の捕虜になったと記録されるように、情報が錯綜《さくそう》している。豊璋はどこに消えてしまったのだろう。

そこでふたたび、中臣鎌足と豊璋の関係に注目してみよう。

豊璋の来日は、舒明《じょめい》三年（六三一）のこと。中臣鎌足が歴史にあらわれる十三年前のことだ。つぎに豊璋は百済に帰還するが、この期間、そのまますっぽり、中臣鎌足が日本の歴史から姿を消してしまうのである。

あらためて述べるまでもなく、中臣鎌足は、中大兄皇子とコンビを組んでいた。改新政府では、臨時職の「内臣《うちつおみ》」になっていて、これは天皇を補佐する役目なのだが、なぜか孝徳天皇と中臣鎌足とは、政権発足後、接点がない。「内臣」は、むしろ皇子である中大兄の補佐役というイメージが強い。

しかし、中大兄皇子人生最大のピンチだったともいえる白村江の戦いで、なぜか皇子の右腕・中臣鎌足はまったく活躍していない。活躍どころか、姿さえくらましているのは、どうしてなのだろう。それは、「もとの姿」である豊璋に戻って、百済にいたからではなかったか。そして、豊璋が朝鮮半島から姿を消すと、今度は中臣鎌足がひょっこり中大兄皇子の前に姿をあらわした。

中臣鎌足は、百済の王子・豊璋であろう。他の拙著でも述べたように、藤原氏と百済を結びつける証拠は、いくつもある。たとえば、藤原氏の盛衰と百済遺民《いみん》の命運の波は、ほぼ重なっている。実権を握ったのちの藤原氏は、新羅を必要以上に憎み、蔑《べっ》視《し》している。

なぜ豊璋は、中臣氏の系譜に入りこめたか

日本人は、独裁者を嫌う。織田信長《おだのぶなが》が本能寺《ほんのうじ》で滅びたのがいい例だ。それは古代でも同じで、ヤマトの王は原則的に祭司王《さいしおう》だった。実権を握っていたのは、とりまきの豪族たちだ。平安時代末期に院政《いんせい》が始まって王家が強大な力を獲得したが、あれは一時の異例、「ご乱心」であって、藤原氏が独裁体制を長年続けてきたことへの反動であった。専横を極めたと『日本書紀』のいう蘇我氏でさえ、根回しはおこなっていたし、諸豪族の意見に耳を傾けた。

その点、他者との共存を拒み、自家だけの繁栄を追い求めた藤原氏は、異質である。突然変異の理由が日本史の謎であったが、その出自をたどっていけば、納得がいくだろう。彼らは、百済から日本にやってきて、日本人になりすました。

鎌足がいつ「中臣氏」の系譜に紛れこんだのかは、定かではない。しかし、「中臣氏を選んだこと」は、じつに抜け目のないやり方だと思う。

中臣氏は、長く物部氏の配下で活躍していた。ヤマトの神祇祭祀の基礎を築いたのが物部氏で、その様式を守りつづけてきたのが中臣氏だった。中臣氏が神祇の家だっ

たのは、物部氏とつながっていたからだろう。だから中臣氏は、物部氏とともに排仏派の最右翼に位置し、その活躍が『日本書紀』に記録されたのである。

ところが、物部氏のなかで最後まで蘇我氏に抵抗したのは物部守屋の一族だけで、物部の本流はといえば、はやばやと蘇我氏と手を結んでしまっている。物部守屋たちと行動をともにしていた中臣氏は、守屋が滅亡した段階で、茫然《ぼうぜん》としていたことだろう。

当時の豪族たちは、おそらく蘇我氏の推《お》し進める中央集権国家計画に、表向きは賛同するフリをしていて、裏では不安をためこんでいたにちがいない。チャンスがあれば、反故《ほご》にしたいと考えていたのだろう。先祖伝来の土地と民を手放し、地位の世襲も認められないとなれば、「できない人たち」ほど、過去の栄光や既得権益にしがみつこうとしたはずだからだ。

そんな激動の時代にあって、豊璋は、敗戦後、「高句麗に逃れた」、「いや、行方不明になった」ということにしておいて、こっそりと日本に戻ってきたのである。そして、「日本人として生きていこう」と考えた彼のお眼鏡《めがね》にかなったのが、物部守屋の滅亡後、過去の豪族として、もはや衰退の途上《とじょう》にあった中臣氏だった。

中臣氏が従っていた物部氏は、「親百済派」として、日本の外交を引っぱってきている。当然、中臣氏も「親百済派」だっただろう。豊璋にすれば、じつに与《くみ》しやすい相手であった。豊璋の「元・百済王子」というブランド力も手伝い、婿入りや養子の縁組を喜んで受けいれたにちがいない。

そして藤原氏は、朝堂の一党支配を確実なものにしたところで、「本家」を中臣氏の姓にもどし、神祇祭祀に専念させたのである。

第八章　藤原《ふじわら》氏　――春日《かすが》大社

古くからの信仰地

人づてに聞いた話だが、神道界はいまだに「中臣氏」が幅をきかせていて、「中臣氏にあらずんば……」という空気が流れているという。明治になって、神祇省《じんぎしょう》が各社の神職の人事権をわがものにしたとき、多くの中臣氏の末裔が入ってきたという。斎部広成がこれを知ったら、さぞ憤慨《ふんがい》したことだろう。お気の毒なことだ。

中臣氏がいまだ勢力をふるっているのも、その関連氏族である藤原氏が、「日本の神道を完成させて、その維持を中臣氏にゆだねた」からだろう。話は、それほど単純ではないが、おおまかにいってしまえば、そういうことになる。藤原氏と中臣氏によって「つくりかえられた神道」に、われわれは振りまわされているのである。

ならば、藤原氏はなぜ、神道を改変したのか。また、どのように神道をすりかえてきたのだろう。具体的には何をしでかしたのか。

この謎を解く前に、藤原氏が祀る春日大社《かすが》(奈良県奈良市)について、見ておきたい。

まず、枚岡神社では、中臣氏の祖神アメノコヤネを祀っていた。ところが、神護景雲《じんごけいうん》二年(七六八)、平城京の東の隅の御蓋山《みかさやま》(春日山)に、鹿島・香取両神宮からタケミカヅチとフツヌシが遷座《せんざ》し、春日大社が創建されると、なぜか枚岡神社でも、鹿島・香取の神を祀るようになったのだ。

藤原氏が、「中臣の神よりも、尾張・物部の神」と考えたのは、「中臣の神は、もの足りない」と感じたからだが、もっと格の高い神々を勧請《かんじょう》し、藤原氏の新たな氏神に仕立てあげてしまったわけである。

ところで、春日の地は、もともと藤原氏の土地ではない。やはり古い豪族である和邇《わに》氏がこの一帯を支配し、「春日」を名のっていた。霊山と崇《あが》められる御蓋山も、この春日氏が古くから拝みつづけた自然信仰の聖地だったと思われる。

また、春日大社の境内には、平城京が造営される、そのはるか昔から残された原始

春日大社の摂社・水谷神社。たたずまいが美しい

水谷神社の子授石

御蓋山の森に向けられた遙拝所。この先は禁足地である

枚岡神社への遙拝所もある

の信仰形態が残っている。東大寺《とうだいじ》に向かう途中にある、水谷《みずや》神社（摂社《せっしゃ》）がそれで、かたわらに女性器をイメージさせる「子授石《こさずけいし》」が祀られている。おおらかな時代の信仰であり、権力者の神社には、似つかわしくないほどの素朴さである。

また、本殿の背後の御蓋山には、いまも深い森が広がり、遙拝所《ようはいじょ》も残されている。社殿はなく、鳥居だけがあり、ここから御蓋山を御神体として拝む。その前の道を東に行くと、若宮《わかみや》がある。

豪奢《ごうしゃ》な本殿ばかりに目が行きがちであるが、こういった古い信仰地を残していることが、春日大社の本当の魅力といえよう。ぜひ、参拝していただきたい。

ところで御蓋山は、春分と秋分の朝日を意識した信仰とつながっていた。奈良市を東西に走る「率川《いさがわ》神社」、「天《てん》神社」、「春日大社」ラインの先に、「御蓋山」と「春日花山」（春日奥山）が連なっている。

支配のシンボルとしての春日大社

このような太陽のラインは、藤原氏が信仰していたものではなく、もともとあった聖地に、あとから藤原氏が入りこんできたということだろう。なぜ、ヨソサマが大切にしていた春日の地を欲したのかといえば、理由ははっきりとしている。

平城京《へいじょうきょう》遷都は、藤原不比等《ふひと》の悲願だった。何しろ奈良盆地の南部は、藤原氏が権力を握る過程で、その踏み台にして捨ててきた旧豪族たちの本拠地だった。その代表が蘇我氏であり、さらに阿倍《あべ》氏や、その他大勢の氏族たちが、盆地の南部には根を張っているのだ。

血で血を洗う権力闘争を勝ち抜いてきた藤原氏にすれば、彼らに恨まれていることは十分承知していたし、いつなんどき反撃されるかもわからなかった。そこで、都を盆地の北側に移し、旧豪族の力を削《そ》ぎ、そのうえで、藤原氏が権力者の座に安泰《あんたい》するための装置をつくる必要があった。それが、平城京である。

通常、都城《とじょう》というものは、左右対称の四角形をしている。ところが平城京の平面図を見ると、東北の隅《すみ》に「出っぱり」がある。これを外京《げきょう》という。現在の奈良市の繁華街がここにすっぽりとおさまるのだが、なぜこの地が「優良物件」だったのかといえば、高台だからだ。天皇のおわします宮を見下ろす一等地である。

藤原氏は、この「一等地」を占拠した。そして、その奥に、氏族のシンボルとして設けられたのが、春日大社である。のちに、氏寺《うじでら》・興福寺《こうふくじ》も、その手前に建立された。

日本人の純粋な信仰形態から考えて、平城京の人びとは、毎朝、太陽の上る東側に手を合わせ礼拝していただろう。御蓋山は、その礼拝ポイントとなった。かつて三輪山や大和三山を礼拝していた人びとも、御蓋山に向かったのである。そして、彼らが拝む先には、藤原氏の春日大社が鎮座する。

その高台から、藤原氏は天皇の宮を見下ろし、もし平城京で争乱が起きれば、藤原氏は高台に向かい、城塞《じょうさい》化された神社と寺院に逃げこみ、難を逃れただろう。

これが、春日大社の意味である。

すりかえられた神話

奈良時代は、藤原氏が「一氏独裁」体制を構築するための助走期間だった。持統天皇の孫・文武《もんむ》天皇と藤原不比等の娘・宮子《みやこ》のあいだに生まれた首《おびとの》皇子《みこ》が即位して、聖武《しょうむ》天皇となり、はじめて「藤原腹の天皇」が誕生した。こののち、藤原氏は一度没落するが、復活し、「欠けることのない満月」と豪語するほどの、藤原全盛期が到来するまで発展するのである。

ならば、藤原氏と中臣氏は、なぜ神道をすりかえる必要があったのだろう。

ヤマト建国ののち七世紀に至るまで、王家は二転三転したという考えが一般的だ。騎馬民族日本征服説は、もはや過去の遺物になったが、水野祐《みずのゆう》がとなえた三王朝交替説は、いまだに支持者が多い。

しかしその一方で、ヤマト建国時から七世紀初頭まで、「前方後円墳体制」が継続していた事実を見逃してはならない。竪穴式から横穴式に石室が変化したことは事実としても、大枠の埋葬様式が壊されなかったことが、大きな意味を持っているはずだ。

蘇我、物部、尾張という、三つの氏族が構成した閨閥《けいばつ》こそが、ヤマトの王家であり、そこから、もっとも元気のいい、霊的な力を備えていたと信じられていた、みなから頼られる人物が、王として立ったのではないかというのが、筆者の考えである。

物部氏がかつての勢いを失い、蘇我氏が台頭すると、中央集権国家建設が始まり、前方後円墳体制は終焉《しゅうえん》した。今度はそれに代わって、仏寺が建立されていくようになる。これは大きな転換期となった。けれども、かつての神祇祭祀そのものが否定されたわけではなかった。

蘇我氏が仏教を受け入れたとき、最初に出家したのは女性だった。なぜ、日本仏教の僧侶は「尼」から始まったのかといえば、「神を祀るのは巫女《みこ》」という、日本的な発想が根底にあったからだろう。蘇我氏が建立した飛鳥の法興寺《ほうこうじ》の塔の心礎《しんそ》からは、舎利《しゃり》容器だけではなく、金環《きんかん》、勾玉《まがたま》、管玉《くだたま》、切子玉《きりこだま》、ガラス玉など、古墳の副葬品と見まがうような品々が見つかっている。仏教と神道は意外な形で融合していた。

そして、道教に染まったと思われている「親蘇我派」の天武《てんむ》天皇も、伊勢の神を祀るために、娘の大来皇女《おおくのひめみこ》を斎宮《さいぐう》に赴任させている。

蘇我氏の台頭は、新たな時代の幕開けを告《つ》げたが、だからといって、蘇我氏は過去の文化を根底から否定したわけではなかったのだ。それはなぜかといえば、蘇我氏が、「ヤマト建国の歴史の一部を背負っていた」からだろう。

かたや藤原氏は、百済系渡来人であり、まったくの新参であった。ヤマトの名門豪族を打ち負かし、ヤマトの王家の形態を覆《くつがえ》し、権力を握った。その手口は残虐で陰湿で、容赦なかった。お人好《よ》しの古代豪族たちは、根こそぎ刈りとられていった。

藤原氏には、ヤマト建国来の因習《いんしゅう》やしがらみもなかったし、それ以上に、前政権を倒した正当性を証明する必要があった。前政権はいわば「神政《しんせい》」をおこなってきたのだから、その神政を倒した正当性を証明するためには、前政権がよりどころとしてきた「神話」そのものを、すりかえなければならなかったのだろう。

なぜ藤原氏は、朝堂を独占できたのか

それにしても、海外から来て、支配する土地も民もなかった百済系の氏族が、どのようにすれば、周囲の既得権益者たちを圧倒して潰すことができたのか。

まず藤原不比等は、天武天皇崩御ののち、子や孫の即位に執着する鸕野讃良皇女《うののさららのひめみこ》に近づく。そして、彼女の愛息・草壁皇子《くさかべのみこ》が即位することなく早逝《そうせい》すると、藤原不比等は鸕野讃良の即位を画策した。

鸕野讃良皇女は天武天皇の正妃だったとはいえ、天智《てんじ》天皇の娘でもあったから、即位の芽はなかった。それを可能にしたのは、「天武天皇の遺業を継承する」という大義名分であり、天武の皇子が星の数ほどいたことで、足の引っぱりあいを演じさせることができたからだろう。最終的には、孫である軽皇子《かるのみこ》（文武天皇）の即位を願う女の執念が、他を圧倒し、持統女帝が、こうして誕生したのだ。

これを裏で工作していたのが藤原不比等であり、それゆえ持統天皇は藤原不比等を寵愛《ちょうあい》した。

ここに、藤原氏繁栄の、最初の一歩が踏みだされた。そして、藤原氏発展の最大の理由は、野望を抱いた藤原不比等が、律令《りつりょう》体制に移行する「その瞬間」に出現したからに他ならない。ここに、千年に一度のチャンスが隠されていた。土地と民を持たなくとも、のしあがる絶好の機会が運よく訪れたのだ。

いざ律令制度に移行すると、豪族たちは土地と民を手放し、丸裸になる。もちろん、当初朝廷は、彼らにふさわしい官位と禄《ろく》をそれなりに与え、動揺や不満を抑えようとしただろう。しかし、時代がたつと、権益はすっかり消えて、世襲の恩恵もなくなった。

すると、天皇のもと、官人となっていた旧豪族たちは、人事に一喜一憂するしかない。ただし、「天皇の下《くだ》す人事査定」というのは建前で、実際には、時の権力者のさじ加減が、大きな意味を持っていた。そうした状況のなかで、藤原氏は、天皇の外戚の地位を得て辣腕《らつわん》をふるった。

また、明文法、すなわち律《りつ》と令《りょう》が成立すると、これによって罰せられるようになる。だから当初、藤原不比等は、律令を整備する役人となった。法律は、法文が完成したあとに、どう法を解釈するかが、大きな意味を持ってくる。たとえば、罪を犯した者が捕縛《ほばく》されたとしよう。その罪が、「法に引っかかるのかどうか」、「引っかかれば、どのくらいの罰を与えるべきか」といったことは、すべて法の番人が決めることだ。だから、法をつくり、法を解釈する者は、恐ろしい存在になったのである。

さらに、「法」と「法の拘束を受けない天皇」をたくみに使いわけることで、藤原氏は政敵を煙《けむ》に巻くこともした。

律令制度において、天皇は、最高の権力を握り、法の拘束を受けない。ただし、

「権力者＝天皇」というのは建前で、実権を握っていたのは「太政官《だいじようかん》」だった。太政官の合議によって奏上された案件を「追認」するのが、天皇の役割だったにすぎない。そういった意味で、当時も天皇象徴制のような状態が、一般的だった。

ところが藤原氏は、法解釈で政敵から詰められると、今度は法律に反した「天皇の命令」を引きだしたのである。つまり、普段は、法律をいかに自家に都合のよいように読みとくかで政敵を牽制《けんせい》し、いざ藤原氏の分が悪いとみるや、「これは天皇の命令だから」と居直った。

この卑怯《ひきよう》な手口に反発し、噛みついたのが天武天皇の孫の長屋王《ながやのおおきみ》だった。そこで藤原氏は、長屋王に謀反の濡《ぬ》れ衣《ぎぬ》を着せ、その一家を滅亡に追いこんだ。思うとおりにならない政敵なら、皇族でも簡単に葬り去ったのが、藤原氏である。

トヨの王家

では、いよいよ権力を握った藤原氏は、神祇祭祀の何を、どのように変えてしまったのかについて見てみよう。

この謎を解く前に、まずはっきりとさせておかなくてはならないのは、藤原不比等が持統天皇を利用して権力基盤を固めたこと、そして、持統が天智天皇の娘だったことである。

どういった手段を用いれば、天武天皇についた壬申《じんしん》の乱の功臣が、数多く生き残っている政権で、持統天皇は即位できたのだろう。おそらく、天武の皇子が星の数ほどいて、足の引っぱりあいをするなかで、印象操作がおこなわれた。それが、天武天皇の正妃である持統天皇こそ、天武の遺業を継承する義務があるという「大義名分」である。

そして問題は、「天武系」の王家のなかで、持統天皇から始まる観念上のもうひとつの王家が成立していたことだろう、しかもそれは、「反蘇我派」で、「天智系」の王家だったことなのである。

持統天皇の有名な万葉歌に、「春過ぎて　夏来《きた》るらし　白栲《しろたへ》の　衣《ころも》乾《ほ》したり　天《あま》の香具山《かぐやま》」がある。一般には、気候のよい初夏の天香具山に白い衣が干してある……というような、牧歌的な飛鳥の風景を描写したものとされるが、この歌の真意は、そうではない。

天香具山は、大和三山のひとつ、ヤマトを代表する霊山だ。その神聖な山に洗濯物が干してあるなどということは、あるのだろうか。それは、特殊な存在であるはずだ。共同研究者梅澤恵美子は、この白い衣を「天女《てんにょ》の羽衣《はごろも》」ではないかと喝破《かっぱ》した。すなわち、丹後半島やその他の地に伝わる、豊受大神《とようけのおおかみ》の「天の羽衣伝承」である。

それによると、豊受大神が天真名井《あまのまない》で沐浴《もくよく》していたところ、老翁に羽衣を奪われ、身動きができなくなってしまった。やむなく老翁の娘となり、人間界で暮らすこととなる……。

この歌には、「天女が呑気《のんき》に沐浴をしている。あの羽衣を奪えば、その霊力は失われ、天下はわがものになる」という、真意がこめられている。持統天皇は、豊受大神を、「親蘇我派」勢力の象徴としてとらえた。そして、彼らが油断し、権力を奪われていくさまを、ほくそ笑みながら歌ったのが、「白い衣が干してある」なのである。

七世紀の「親蘇我系」の王族や豪族は、いずれも「トヨ」の名を冠し、天武も「トヨの王家」の一員だった。それは、彼らのなかに、「神功皇后（トヨ）の流れをくんでいる」という自覚があったからで、推古天皇（豊御食炊屋姫《とよみけかしきやひめ》）にいたっては、神功皇后と同じ名の宮、豊浦宮《とゆらのみや》に暮らした。だから持統天皇は、「トヨ（天女、豊受大神）の王家を動けないようにできる」と、歌のなかで暗示したのだった。

ちなみに、豊受大神は伊勢神宮の外宮の祭神であり、その一方で、『日本書紀』はこの女神の存在を完全に無視している。ここにも深い理由が隠されている。

「女装する天皇」の意味

正史《せいし》『日本書紀』といえば、これまで「天武天皇のために書かれた」と信じられてきた。天武天皇の時代に編纂が命じられ、天武の王家のなかで完成したからだ。しかし正確には、『日本書紀』は、「天武天皇崩御後の政権にとって都合のよい正史」である。誰にとって都合がよいのかといえば、編纂時の権力者・藤原不比等である。

天武天皇から続く王家は、その「男系」だけを見れば、「天武系」のように見えるが、「持統から始まる王家」とみなせば、「天智系」が復活したことになる。これは、一般的な歴史書でも、時おり指摘される見方であろう。

ところが持統天皇は、『日本書紀』のなかで「天照大神」になった。本来男性であるはずの太陽神を女神にすりかえ、そのうえで、持統天皇が「天照大神」に化けたのだ。この強引な神話改竄《かいざん》は、「高天原広野姫天皇《たかまのはらひろのひめすめらみこと》（持統）から始まる王家」の正統性を証明するためにも必要な作業だった。これは、「結果として、天智系が復活した」というような甘いものではなく、はっきりとした意図が存在している。

それだけではない。天上界（タカマノハラ）で、「出雲の国譲り」や「天孫降臨」で主導的な活躍をするのはアマテラスではなく、タカミムスヒ（高皇産霊尊《たかおむすひのみこと》）であった。タカミムスヒの娘がアマテラスの子に嫁《とつ》ぎ、子をなし、天皇家の祖が生まれていく。

この神統譜《しんとうふ》は、持統天皇の孫である文武《もんむ》天皇と、藤原不比等の娘の宮子とが結ばれ、「藤原腹」の聖武天皇が誕生した奈良時代の天皇家の系譜をなぞっているという指摘がある。そのとおりだろう。

藤原不比等は、持統天皇とともに、「天武の王家を守る」という大義名分を掲げながら、『日本書紀』のなかで、観念上の「持統天皇（天照大神）から始まる王家の誕生」を宣言していたのだ。これは、「表向きは静かなクーデター」に他ならない。

さらに、『日本書紀』は、天皇家の祖神をタカマノハラ系とイヅモ系の二系統に分け、天皇家の正体そのものを闇に葬ってしまった。そうしなければ、政敵である「蘇我系」の王家の正統性を認めてしまうことになってしまうからだ。そして、三世紀のヤマト建国来続いてきた神祇祭祀を改変し、その根本を破壊したのである。

大嘗祭《だいじょうさい》の手順においても、驚くべき「トリック」がしくまれた。祭儀のクライマックスになると、天皇は湯帷子《ゆかたびら》を着こむが、これは「天の羽衣」と呼ばれている。天の羽衣を身につけた瞬間、天皇は神聖な存在となる。

『竹取物語』で、かぐや姫が月の都に帰るとき、やはり天の羽衣を着る。このとき、かぐや姫は、「天の羽衣を着れば、人間界のすべての記憶がなくなる」といっている。そのような魔法の服が、天の羽衣なのだが、なぜ天皇は、本来、天女が身につけるべき衣をつけなければならなかったのか。

折口信夫《おりくちしのぶ》は、外来魂が人間の身体（容器）に付着し、入りこみ、逆に離れていくことを繰りかえす「たましい」（霊《たま》）への信仰があったといい、もともと外にあった魂を、身体のなかにつなぎ止め、活発化させる祭儀が、「たましづめ」であったとする。

大嘗祭における天皇は、密閉状態の容器のなかに籠《こ》もり（物忌《ものい》み）、「天皇霊」を付着させ、天皇の身体（容器）を満たし、死と蘇生と復活を演じ、これによって天皇霊を更新できると考えた。そのうえで折口信夫は、天の羽衣について、物忌みの籠もりから解放し、謹慎と禁欲から解放するための、ひとつの道具にすぎないという。

かつては、この折口説が定説となっていたが、しだいに異なる見方が提出されるようになってきた。天の羽衣は、天皇の「女装」だというのである。

中村生雄《なかむらいくお》は、『日本の神と王権』のなかで、祟《たた》り神《がみ》を祀るのに、神の女としての巫女が性的交渉を持つという、佐藤正英《さとうまさひで》が「『まれびと』の諸相」で示した推論や、天皇が天の羽衣を身につけることによって「女性に変身する」という、工藤隆《くどうたかし》の推理に共感し、「大嘗祭の悠紀殿《ゆきでん》での女装する天皇による〈神の女〉の擬態」だと指摘する。つまり、男性である天皇が、「神の女」になるために女装するのだ。

大嘗祭が整えられたのが持統天皇の時代だとすれば、このころ、「女装する天皇」も出現した可能性がある。その理由について、次章でとりあげる。

第九章　天皇家　――伊勢《いせ》神宮

西行《さいぎょう》も知らなかった伊勢の神の正体

そもそも、伊勢神宮は、これまで信じられてきたような「天皇家の祖神を祀る神社」なのだろうか。

もちろん、『日本書紀』にはそう書いてある。しかし、少し調べただけで、いくつもの不審《ふしん》点があぶり出されてくる。

第一に、『日本書紀』は、アマテラスを「女神」と位置づけているが、ここからして怪しい。

第二に、崇神天皇の時代、宮中に祀られていたアマテラスを、「神威に圧倒された」といって、遠ざけてしまったのはなぜだろう。祖神が子孫に、どういった悪さをするというのだろうか。

第三に、伊勢神宮が整備されてからあと、持統天皇が参拝してから、明治天皇の参拝まで、一一〇〇年以上も歴代の天皇が直接参拝していないというのも、おかしな話だ。神宮参拝は、いまでこそ天皇の重要な行事のように考えられているが、それは近代になってからできた習慣にすぎない。

天皇だけではなく、一般の貴族や庶民にとっても、伊勢神宮は疎遠《そえん》な存在であった。江戸時代のお伊勢参りは、長い歴史から考えると、異常な事態だったのだ。だからこそ、特筆されたのであろう。

そして、天皇家にとって伊勢神宮は、アンタッチャブルな場所だったのではないかと思えてくる。

鎌倉時代の歌人・西行《さいぎよう》は、つぎの歌を残している。

なにごとの　おはしますかは　知らねども　かたじけなさに　涙こぼるゝ

歌の意味は、「どのような神がお祀りされているかは存じないが、そのありがたさに、おのずと涙がこぼれてくる」というものだ。

「涙がこぼれてくる」という、西行の感情は、本居宣長が「神道」の真髄《しんずい》をいいあてた言葉、神とは「世のつねならず、すぐれたる徳のありてかしこきもの」にも通じているだろう。広大な森に囲まれた伊勢神宮にたたずめば、たしかに、「人智《じんち》のおよばぬ力に対する畏敬《いけい》の念」を感じるのである。

しかし、だからといって、「あの伊勢神宮」に、「誰が祀られているのか知らない」という、西行の断わりは本当なのだろうか。北面《ほくめん》の武士でありながら、歌の名手で教養も深かった西行が、なぜ伊勢神宮の祭神を「知らない」と歌ったのだろう。

もうひとつ、『更級日記《さらしな》』でも、著者である菅原孝標女《すがわらのたかすえのむすめ》は、「伊勢の神の正体を知らなかった」と告白している。

そして第四に、大神神社の三輪流神道《みわりゅうしんとう》に残された奇妙な伝承がある。それは、「天皇家の祖神アマテラス」と「三輪山のオオモノヌシ」は「一体」であり、大日如来《だいにちにょらい》の化現《けげん》したものだというのだ。まず、本地《ほんじ》の大日如来が垂迹《すいじゃく》し、それが伊勢と三輪の二カ所に祀られたとしている。この考えは、大神神社の勝手な解釈ではなく、まず伊勢外宮《げくう》がいいだしたものらしい。

謡曲《ようきょく》『三輪《みわ》』には、「思へば伊勢と三輪の神、思へば伊勢と三輪の神、一体分身《いったいぶんしん》の御事《おんこと》、いまさら何と磐座《いわくら》や」とまで、いっている。「そんなわかりきったこと、いまさら、あらたまっていう必要があるのか」ということだ。

にもかかわらず、『日本書紀』では、「アマテラスは女神、オオモノヌシは男神」とされている。本当に、「一体分身」なのか。ここに、大きな謎がある。

すりかえられた伊勢の神

伊勢神宮の祭神は、『日本書紀』の主張とは裏腹《うらはら》に、男神ではないのか。少なくとも、そう信じられてきた時期があったように思う。

まず、歴代天皇は、伊勢の神を祀るために、娘や親族の女性を斎王《さいおう》にして、伊勢斎宮に派遣した。しかも、斎王は未婚の女性（処女）に限られ、任を解《と》かれた後も、原則的には結婚できなかった。

それはなぜかといえば、彼女は、男性の神に捧げられ、「（宗教的に）性的な関係」

を持ったからだろう。祟る神に捧げられた王のミウチの女性が、祟る神と融合することで、神の力を引きだし、そのパワーを天皇に注《そそ》ぐのであり、これは、「妹《いも》の力」のあらわれであるとともに、「ヒメヒコ制」からつらなる信仰であった。

『伊勢物語』第六十九段には、興味深い逸話が残されている。在原業平《ありわらのなりひら》（平城天皇《へいぜい》の孫）が伊勢国に赴《おもむ》くが、このとき斎王は、親から「いつもの使いよりも、ねんごろにもてなすように」とおおせつかり、在原業平を接待して斎宮に泊めた。斎王は在原業平の部屋に忍びこみ、同じ部屋で一夜を過ごした……。

漱石《そうせき》の『三四郎《さんしろう》』の冒頭じゃあるまいし、年ごろの男女が同じ部屋で一晩過ごせば、何をしていたかは、語るのが野暮《やぼ》というものだ。いったいなぜ、『伊勢物語』は、斎王のスキャンダルをとりあげたのだろう。それだけ、斎王にまつわる規律が厳しかったということで、在原業平の異例を強調したのである。それはなぜかといえば、斎王が「伊勢の神の妻」と信じられていたからだ。

また、『通海参詣記《つうかいさんけいき》』には、斎王の寝床に毎朝、蛇のウロコが落ちていたという話が載る。伊勢の神が通ってくる噂があるのだという。

このような伊勢斎宮のありようを見るにつけ、やはり伊勢内宮《ないくう》の神は、「男神」とみなさざるをえなくなってくる。

アマテラスの性（ジェンダー）を逆転させたのは、おそらく持統天皇と藤原不比等たちであろう。『万葉集』巻二、持統三年四月の柿本人麻呂《かきのもとのひとまろ》の歌に、つぎの一首がある。

天地《あめつち》の　初《はじめ》の時　ひさかたの　天《あま》の河原《かはら》に　八百万《やほよろづ》　千万神《ちよろづかみ》の　神集《かむつど》ひ集ひ座《いま》して　神分《かむはか》り　分《はか》りし時に　天照《あまて》らす　日女《ひるめ》の尊《みこと》…（後略）…

ここに、「天照らす　日女の尊」という言葉が出てくる。アマテラスは「女神」になっている。この歌がつくられたころ、そのジェンダーは、すりかえられたのだろう。ただし、観念のなかで「女神」になりすましたが、その一方では、「伊勢の神は男性」と考えていたからこそ、天皇家は、ミウチの女性を斎王に立て、伊勢斎宮に送りつづけた。

伊勢の神の正体

伊勢神宮の正殿《せいでん》の床下《ゆかした》には、「秘中の秘」が隠されている。それが「心《しん》の御柱《みはしら》」で、別名を「忌柱《いみはしら》」という。誰にも見せず、誰にも触れさせない。二十年に一度の式年遷宮《しきねんせんぐう》に際し、まず「心の御柱」の用材を切りださなければ、何もはじまらないというほどのものである。古い正殿が壊されても、心の御柱を小屋で覆《おお》い、守られる。

この「心の御柱」を唯一、祀ることができるのが、大物忌《おおものいみ》（子良《こら》）と呼ばれる童女だ。彼女たちは、伊勢外宮の禰宜《ねぎ》をつとめる度会《わたらい》氏の一族から選ばれ、禰宜の娘とも、分身とも考えられていた。成人すると任を解かれたが、成人にはいたらず、初潮を迎えると、お役御免となったようだ。

これは、一般的には、血の穢《けが》れのためと考えられているが、別の意味が隠されているように思えてならない。なぜなら、斎王は立派に成人しているが、伊勢の神を祀るために斎宮に遣わされているからだ。血の穢れがあるというなら、斎王は神を祀ることができない。大きな矛盾である。

そして、よくよく考えてみれば、伊勢神宮が女性で埋めつくされていることに気づ

中央の小屋の下に「心の御柱」がある

かされる。伊勢内宮は天照大神、外宮は豊受大神《とようけのおおかみ》、伊勢斎宮の斎王、大物忌と、祀る側も、祀られる側も、すべて女性ではないか……。

豊受大神が丹後から伊勢に勧請されるきっかけとなったのも、天照大神が「独り身で寂しい」と神託を下したからで、「気を利かせて女神を連れてきた」のであれば、内宮の天照大神は、やはり「男神」と考えるのが普通ではないだろうか。

ならば、伊勢の神は、謡曲『三輪』のいうように、イヅモのオオモノヌシなのかといえば、筆者は異なる考えを持っている。

鍵を握るのは、外宮の度会氏だ。

度会氏の祖は、天牟良雲命《あめのむらくものみこと》とされている。『先代旧事本紀』は、アメノカゴヤマの子が天村雲命という。『日本書紀』の「八岐大蛇《やまたのおろち》退治神話」で、八岐大蛇の尾のなかから草薙剣《くさなぎのつるぎ》が出てくる話があるが、この場面で、草薙剣の別名を「天叢雲剣《あめのむらくものつるぎ》」といっている。アメノカゴヤマの末裔が尾張氏で、彼らは熱田神宮で草薙剣を祀っているから、度会氏と尾張氏は、「アメノムラクモ」でつながっている。

また、『海部氏勘注系図《あまべしかんちゅうけいず》』によれば、天村雲命の子が倭宿禰命《やまとのすくねのみこと》だ。倭宿禰命が祀っていた神が、ヤマトノオオクニタマである。

崇神天皇は、アマテラスとヤマトノオオクニタマの二柱を宮中で祀っていたが、神威に圧倒されて宮外で祀るようになったと、『日本書紀』はいう。この結果、伊勢に祀られたのがアマテラスで、大和神社で祀られたのがヤマトノオオクニタマである。

この二柱の神、もとは「同一」だったのではあるまいか。すなわちそれは、珍彦であり、ナガスネヒコであり、ヤマトタケルではなかったか。

伊勢の祭神をヤマトタケルとみなせば、多くの謎が解けてくる。ヤマトタケルの正体は、ひとりの英雄などではなく、ヤマト建国時に分裂し、骨肉の争いを演じた「タニハ連合」の王族たちであり、「タニハ連合の墓場」が、伊勢神宮だったのではなかったかと考えている。

零落する巫女の存在

ここで思いだされるのが、「女装する天皇」である。

ふと神話に目をやると、ヤマトタケルが、クマソタケルを倒すとき、大男であるにもかかわらず、「女装」して敵をだまし討ちにしている。『古事記』に、「童女《おとめ》の髪のごとく、その結ばせる御髪をけづり垂れ、その姨《おば》（ヤマトヒメ）の御衣御裳《みそみも》を服して、すでに童女の姿になりて、女人のなかに交じり立ち……」とあるのが、それである。同じ内容の話が『日本書紀』にもある。

また、なぜか大嘗祭で、天皇は「天の羽衣」を着こみ、「女装」した。天の羽衣は、丹後半島の豊受大神の持ちものであり、その豊受大神は、伊勢外宮で祀られている。伊勢神宮と大嘗祭の祭儀はよく似ているとされているが、ひょっとして内宮《ないくう》の天照大神も、天皇と同じように豊受大神から天の羽衣を借り受け、（観念上のことだが）着ているのではあるまいか。

それにしても、なぜ天皇は、大嘗祭のクライマックスに、「女装」しなければならなかったのだろう。

ここで、確認しておくと、日本人にとっての「神」とは、大自然であり、人智を超えた力だということである。神と鬼は表裏一体で、むしろ実体は「祟り神」であり、この荒ぶる存在をいかにして鎮めるか、それが「祭祀の根本」であった。

そして、もうひとつ大切なことは、祟る神をなだめすかして、うまく鎮めれば、今度は豊穣《ほうじょう》をもたらす神に変化するという点である。そして、神をおとなしくさせるための手段のひとつとして、女性（巫女）が献上されたのだ。

ところが、ここでも謎に突きあたる。それは、崇神天皇の時代のオオモノヌシとオオタタネコの関係だ。祟るオオモノヌシを鎮めるために、オオタタネコが招かれたが、彼は男性であり、巫女ではない。

中村生雄《なかむらいくお》は、祟り神を巫女が鎮める祭祀を「発生としての祀り」とし、その一方で、男性であるオオタタネコが、なぜ祟り神を鎮められたのかというと、それは、「制度としての祀り」に変化したことを示しているという。

祟る神の妻（巫女）は、神の子を身ごもり、生み落とす。神の子は、神の分身として、神と同じ姿で人間界に舞いおりる。こうして、祟る男神から、祟る男神の分身としての末裔が繰りかえし誕生する……。

すなわち、氏族の祖神（もちろん原則的に、神は祟り神である）に対し、末裔が定例的に様式的に反復して祭祀を執《と》りおこない、その祭祀を怠らなければ、祟り神は守り神に変身しつづけるというのである。

さらに、氏族のなかで、「姨《おば》」から「姪」へと「妹の力」が継承され、ヒメヒコ制が維持されていた。ところが、父系相続のなかで、叔母から姪に妹の力が伝わっていくことによって一族の男子は守られ、そのことが「ヒコ」の世俗的権力を支え、「ヒコ」の権威や、家父長としての地位を高め、それに反して、「ヒメ」の力が相対的に低くなっていったというのである。

このように、ヒコの力が〈系譜〉を介して祖神の力に直結することになれば、もはやヒメの神がかりを経由した神異のパワーは必ずしも必要ではない。（中村生雄『日本の神と王権』）

なるほど、ヤマトの王が政治力を強めていく過程で、巫女の力は衰えていったことは、確かであろう。そして、ちまたの巫女も零落し、のちの世には「遊行女婦《うかれめ》（遊女）」となり、あるいは出雲の阿国《おくに》のように、芸能に携わっていく。

なぜ、「秘中の秘」を童女に祀らせたか

けれども、巫女が排除されていく過程のなかで、もう少し形の違う政治的な思惑が働いていたのではないかと、筆者は疑っている。

というのも、天武天皇はむしろ斎王のシステムを重視していて、だからこそ、娘の大来皇女を伊勢斎宮に送りこんだであろうからだ。そして、「整備しつくされたあとの伊勢神宮」では、大物忌という謎の童女が出現していた。

一般の日本史では、「天武・持統朝」は同じ時代とみなされているが、すでに述べたように、天武の時代と持統の時代のあいだには、大きな断絶がある。そこで、大来皇女の重要性がきわだってくる。

ひょっとして、「天武天皇は大津皇子《おおつのみこ》の即位を願っていた」からこそ、大来皇女を伊勢に派遣したのではなかったか。大来皇女は、大津皇子と母を同じくする姉である。ちなみに、姉弟の母は、持統天皇の姉の大田皇女《おおたのひめみこ》だが、彼女は姉弟が幼いころに亡くなっている。天武はその遺児を深く愛したにちがいない。

天武天皇がいくら道教の知識を重視しようとも、あいかわらず「ヒメヒコ制」の力

を侮《あなど》っていなかったと思えてくる。天武が期待したのは、伊勢の神の力を受けた大来皇女が、その力を天武自身に注ぐことであり、さらには、皇位を継承した大津皇子へと、神の力の放射が継続されることではなかったか。

もちろんこの場合、伊勢の神は、「男神」でなければならない。

そこで残された謎は、伊勢の「秘中の秘」を祀る大物忌の存在だ。なぜ童女だけが、伊勢でもっとも大切な、しかも「男根（リンガ）ではないか」と疑われている「心の御柱」を祀ることができたのだろうか。斎王では、祀ることができないのか。

ここに、大きなカラクリが見えてくる。

斎王をさしおいて、大物忌が最重要視されるようになったのは、「童女である大物忌が、伊勢の神（男神）の子を孕《はら》めない」からだろう。

大物忌は「童女＝鬼」であった。この鬼に託されたのは、「鬼退治」であろう。鬼は、神でもある。昔話で鬼を退治するのは、童子の役目であることが多い。それはなぜかといえば、童子は鬼と目され、神聖視され、他の鬼に匹敵する力を有していると信じられていたからだ。

だから、童女＝大物忌は、曲者《くせもの》なのだ。この大物忌の登場によって、それまで祟り神（伊勢の神）と「性的関係」を結ぶことで天皇にパワーを放射していた斎王は、お飾りにすぎなくなってしまった。いっぽうの大物忌は、「性を神に捧げない」ことで、それじたい超然とした存在となったのである。

誰が考えだしたかはわからぬが、日本でもっとも高い場所に立つ巫女である伊勢斎王を零落させたのは、大物忌だったことになる。

そしてもうひとつ、大嘗祭で天皇が女装するという大問題だが、これも自然発生的なものではなく、悪意に満ちているように思えてならない。

天皇が女装することによって、天皇の叔母や妹の存在は必要なくなる。これは、「ヒメヒコ制」を否定するという意味もあるだろうが、それよりも、「皇族の女性が邪魔になった」理由が大きかったように思われる。天皇の女系親族を邪険《じやけん》にしたのは、藤原不比等であろう。

大津皇子の謀反事件は、鸕野讃良（持統天皇）と藤原不比等の謀略と筆者は考えているが、その直後、大来皇女は伊勢から都に戻り、大津皇子の遺骸を二上山《ふたかみやま》に移葬している。謀反人を霊地に葬ったとなれば、これは問題視されなければならないのに、大来皇女はなんら処分を受けていない。これは、皇后の地位にいた鸕野讃良よりも、伊勢斎王である大来皇女のほうが、権威があり、発言力も強かったからではあるまいか。

もちろん、大津皇子殺しは周囲の顰蹙《ひんしゅく》を買い、鸕野讃良が孤立していた可能性も高いだろう。しかし、大津皇子の埋葬事件によって、鸕野讃良と藤原不比等は、あらためて「斎王の力」を思い知らされたのではあるまいか。

藤原不比等が恐れたのは、たとえ藤原氏が天皇の外戚になろうとも、その地位は永遠ではないことだった。仮に皇族の女性が皇子を生み落とせば、たちどころに「藤原系」の皇子の立場を凌《しの》いでしまう。あるいは、「藤原腹」の皇子が即位したとしても、伊勢斎王が皇族である以上、「ミウチ」としてのうまみが、半減させられる可能性も高かった。

だから、なんとしてでも「斎王の権威」を引きずりおろさなくてはならない。そこで、童女である大物忌を導入し、また、大嘗祭で天皇に天の羽衣を着せることによって、「巫女の介在《かいざい》しない、新たな祭祀形態」を、編みだしたのではなかったか。

鸕野讃良にとっては、姪であり、義理の娘である大来皇女に付与された権威を減じなくてはならなかった。そのために、藤原不比等と謀《はか》って、斎王の地位を減じたのである。そして、その代わりに、みずからを「伊勢の神」になぞらえようとした。ここに、神道の大きな改変がある。

そう考えると、豊受大神が天の羽衣を奪われた、鸕野讃良の歌の意味の重大性に気づかされるのである。

第四編　切り捨てられた氏族たち

第十章　大伴《おおとも》氏

——伴林《ともはやしのうじ》氏神社、降幡《ふるはた》神社

有名な神社がない大伴氏

大伴《おおとも》氏は、古代を代表する豪族だ。

『日本書紀』神代《かみよ》下や『古事記』の記事を信じるなら、天孫降臨《てんそんこうりん》の場面で、大伴氏の遠祖・アメノオシヒ（天忍日命《あめのおしひのみこと》）がニニギを守り、先導しており、また、神武東征《じんむとうせい》の折りには、やはり祖であるミチノオミ（道臣命《みちのおみのみこと》）が供奉《ぐぶ》したという。

すなわち、神武天皇が南部九州の日向《ひむか》にいたころから、大伴氏は天皇家に仕《つか》えてきたことになる。その姓《かばね》は「連《むらじ》」で、「伴」は、朝廷内の数々の職務を世襲して奉仕する者たちをさしている。天皇家にもっとも近く、もっとも長く仕えた氏族が、大伴氏であった。

王家の危機には、かならず大伴氏が活躍し、継体《けいたい》天皇擁立にもっとも尽力したのも、大伴金村《かなむら》であった。大伴金村は、のちに外交政策で失脚し、大伴氏の勢いは減退していくが、それでも発言力が皆無になったわけではなく、壬申《じんしん》の乱（六七二）で大《おお》海人皇子《あまのみこ》に荷担し、勢いをとりもどした。そして、平安時代初頭にいたるまで、日本を代表する氏族として、名を轟《とどろ》かせていたのである。

いわば、もっとも古く格式を備えた氏族といえるのだが、不思議なことに、彼らが祀《まつ》る大きな神社が残されていない。

大伴氏の祖神であるアメノオシヒやミチノオミを祀る神社は、ごくわずかだ。あえてあげるとすれば、伴林氏《ともはやしのうじ》神社（大阪府藤井寺《ふじいでら》市林）や降幡《ふるはた》神社（大阪府南河内郡河南町山城）であろうか。いずれも、カハチの南部地域にある。

伴林氏神社は、大伴氏から別れた伴林氏が祀っていた神社だ。したがって、大伴氏が古くから祀っていたものではない。

主祭神はタカミムスヒ（高皇産霊尊）で、大伴氏の祖神、ミチノオミとアメノオシヒ（天押日命）を配祀《はいし》する。ミチノオミを祀る神社は、じつに珍しい。タカミムスヒが主祭神であるのは、大伴氏が、系図のなかで祖をタカミムスヒと結びつけ、『古語拾《こごしゅう》遺《い》』にも、同様な記事があることによるのだろう。

アメノオシヒを祀る降幡神社は、大伴氏が暮らしていた場所に鎮座する。いったん近くの一須賀《いちすか》神社に合祀《ごうし》され、明治四十年（一九〇七）に独立、旧社地に戻された。

いまでこそ、小さな祠がひとつだけの、寂れた社域だが、かつては大伴氏が祀る由緒正しい神社だった。遠くからでも目にとまる大楠《おおくす》が、古代の信仰地のイメージを伝えている。

ちなみに、降幡神社がいっとき合祀されていた一須賀神社は、もとは「蘇我系」の神社で、かつて蘇我倉山田石川麻呂《そがのくらやまだいしかわのまろ》を祀っていたようだ。時代をさかのぼれば、蘇我氏の祖である蘇賀石河宿禰《そがのいしかわのすくね》がこのあたりに住んでいたと伝わる。したがって、蘇我倉山田石川麻呂が、ここで蘇賀石河宿禰を祀っていた可能性が高い。

その南方の丘陵上には、六世紀から七世紀にかけての一須賀古墳群が、また北側には、敏達《びだつ》、用明《ようめい》、推古《すいこ》、孝徳《こうとく》の四天皇、聖徳太子など、「蘇我系」の天皇や皇族が眠る磯長谷《しながだに》が広がる。いわば、蘇我氏が支配した地域であった。その少し南に、大伴氏の支配地域があったことは興味深い。

降幡神社。祠は傾き、玉垣は倒れ、荒れている。みごとな大楠が目につくが、その存在がなければ、神社への入り口を見つけるのは困難であろう

蘇我氏が祀ったという一須賀神社

伴林氏神社

それはともかく、なぜ大伴氏が氏神を祀った大きな神社が残っていないのだろう。大伴氏が政争に敗れたために、それが祭祀する神社も廃《すた》れてしまったということなのだろうか。いや、そんなことはないはずだ。

古代の神社といえば、森だった

ここで、神社の立派な本殿というものが、仏教建築の影響を強く受けているという事実を見逃してはならないだろう。おそらく、伊勢神宮や出雲大社もふくめて、社殿が建てられるようになったのは、七世紀初頭をさかのぼることはないだろう。

大神神社や石上神宮といった、それこそヤマト建国やヤマト黎明期から続いたような神社の場合、正面に見える社殿は、「拝殿《はいでん》」であり、長らくかたくなに「本殿」をつくろうとはしなかった。石上神宮は大正二年に本殿を建てたが、神が下りてくるのは、本殿内に祀られた御神体《ごしんたい》ではなく、裏手の禁足地《きんそくち》や御神体山であると信じられていたのである。

また、大神神社の摂社《せっしゃ》であり、笠縫邑《かさぬいむら》の有力な候補地とされる檜原《ひばら》神社にいたって

本殿も拝殿もない檜原神社。三ツ鳥居の向こうの森が、神域である

神社への参道をふりかえると、美しい二上山が望める。おそらく古代より計算された構図だろう

は、本殿はおろか、拝殿もない。

こういった場所では、原始的で簡素だが、神聖な空間が演出されている。神は「その場所に、いつもいる」のではなく、ことあるたび、依代《よりしろ》に舞いおりる。それが、磐座《いわくら》だったり、巨木（御神木《ごしんぼく》）だったりするのだが、のちの世に仏教が伝来し、豪奢《ごうしゃ》な仏寺が建立されるようになって、神社にも本殿が建てられるようになった。

文書を調べると、本殿のない神社の記事が多く残されているのがわかる。しかも、「森」が大きなポイントとなっている。いわば、「鎮守の森」だ。

たとえば、『出雲国風土記《いずものくにのふどき》』意宇郡《おうのこおり》の段には、「意宇杜《おうのもり》」について、田の中にある「埿《こやま》」（小山）がそうだ、といっている。周囲は一四メートルほどで、その上に木が茂っていると記録し、建築など人工物の話は出てこない。

同じく『出雲国風土記』秋鹿郡足高野山《あいかのこおりあしたかのやま》（本宮山《ほんぐうさん》）の条に、一帯は農民にとって豊かな土地だが、樹木が生えていない。ただし、山頂に「樹林《はやし》」があって、これが神の社（杜）と書いてある。すなわち、「神の依《よ》り来たる社は、森だ」といっている。

『皇太神宮儀式帳《こうたいじんぐうぎしきちょう》』には、滝祭神社《たきまつりのかみのやしろ》が大神宮の西の川辺にあって、「御殿はない」と記されている。いまでも、内宮の滝祭神には、本殿がない。

また、『万葉集』は、万葉仮名を駆使しているが、「神社」と書いて、「もり」と訓《よ》ませている。たとえば巻七‐一三七八の歌がそうだ。

木綿《ゆふ》懸《か》けて　斎《いつ》くこの神社《もり》　越えぬべく　思ほゆるかも　恋の繁《しげ》きに

このように、本来、神社には建造物はなかったのであって、何より重視されていたのは、「樹木が生えているかどうか」だった。この条件は、日本人の信仰観の源流をうかがわせるものだろう。

謡曲《ようきょく》『三輪《みわ》』のなかでも、神は、大神神社境内の御神木に依り憑《つ》くという。やはり、日本人にとって、「木」は神聖な存在だったことがわかる。であるから、神聖な森を破壊したり、御神木を切り倒されたりすると、神の怒りを買い、祟《たた》られる。

『日本書紀』斉明《さいめい》七年（六六一）五月九日条には、朝倉橘広庭宮《あさくらたちばなひろにわのみや》（福岡県朝倉市）を造営するために、朝倉社《あさくらのやしろ》（麻氏良布《までらふ》神社）の木を切り倒したところ、祟られたという話がある。

『続日本紀《しょくにほんぎ》』宝亀《ほうき》三年（七七二）四月二十八日条には、西大寺《さいだいじ》（奈良市）の西塔に落雷があった。占ってみると、近江国滋賀郡小野社《おののやしろ》（滋賀県大津市）の木を伐《き》って塔を建てたから、祟られたのだという。

であるから、『延喜式《えんぎしき》』の規定にも、神社の四至《しいし》（東西南北）の樹木を伐採することと、そこに死人を埋めることが禁じられている。

祭祀場《さいしじょう》としての古墳

このように古代人は、神域の樹木に神が宿ると信じていた。だから、仏教伝来以前には、人工的な建造物のなかに神を呼ぶという発想そのものが、なかったのではあるまいか。もちろん、巫女や祭司王《さいしおう》が神を祀る館は用意されていたかもしれないが、これは、神社の社殿とは性格が異なる。

そして、もうひとつ注目すべきなのが、古墳の存在である。一般的には、古墳は、権力者の墓としての意味あいだけが強調されてきたように思う。

ところが、『常陸国風土記《ひたちのくにの》』久慈郡《くじのこおり》の段には、つぎの説話が残される。

賀毗礼《かびれ》の高峯《たかみね》（久慈郡と多賀《たが》郡の境、日立《ひたち》市の神峰山《かみねさん》）に、天神がいた。名を立速男命《たちにやおのみこと》という。またの名は速経和気命《はやふわけのみこと》だ。最初天から下って松沢（不明）の松の木の八俣《やまた》（枝の分かれ目）の上にいた。神の祟りは激しく、人がこの木に向かって小便、大便をすると、災《わざわ》いを示し、病気にしてしまう。近所の人はいつも苦しい目に遭《あ》っていたので、その惨状を朝廷に申しあげた。朝廷は、人を遣《つか》わして、敬い祀らせた。祈願して、つぎのようにいった。

「いま、ここにいらっしゃれば、百姓の家は近く、朝に夕べに汚くくさいでしょうから、当然のことながら、いらっしゃる場所として、ふさわしくありません。どうか、場所を移し、高い山の清い場所にお移りください」

神はこの言葉を聞き入れ、ついに賀毗礼の高峯に昇られた。その社は、石をもって垣《かき》をつくり、なかには（神の）一族のものが大勢いて、また、たくさんの宝物（埋納品）が石になって残っている。すべて、昔からいまにいたるまで、ここを通りすぎる鳥たちは、峯の上にあたることはない。

ようするに、これは「古墳の歴史」を神話化したものだろう。祟る神を鎮めるために、山中の大きな墳墓《ふんぼ》に埋葬し、副葬品を供え、祀りあげたが、前方後円墳体制の首《しゅ》長霊祭祀《ちょうれいさいし》に通じるものである。

古い豪族たちは、社殿を建てて、いわゆる氏社《うじしゃ》を立てるのではなく、古墳を築き、先祖や氏神を祀っていたのであった。そこには、亡者を供養するというよりも、積極的に神として祀ることの意識のほうが強かったように思われる。したがって、のちの時代に見られるような、「仏教風」の、あるいは「道教風」の、巨大壮麗な神社社殿を必要としなかったということではなかろうか。

ゆえに、大伴氏が大きな神社を祀っていなかったという話は、むしろ彼らの家の古さを物語っており、伝統に裏打ちされた名門豪族であったことを、証明しているように思えてならない。

「酒壺《さかつぼ》になりたい」と歌う大伴旅人《たびと》

神武東征後、大伴氏の祖たちは重用され、期待にこたえた。その様子は、『日本書紀』にも記録されている。

垂仁《すいにん》天皇二十五年二月条には、阿倍《あべ》氏の武停名川別《たけぬなかわわけ》、和珥《わに》氏の彦国葺《ひこくにぶく》、中臣氏の大鹿嶋《おおかしま》、物部氏の十千根《とおちね》など、名門豪族の祖と並んで、大伴氏の祖である武日《たけひ》の名があげられている。大伴氏が、朝廷を構成する五大氏族のひとつに含まれていたことがわかる。

景行《けいこう》天皇四十年秋七月条には、吉備武彦《きびのたけひこ》とともに、この大伴武日がヤマトタケルの東征に随行し、功を認められている。

また、仲哀《ちゅうあい》天皇の時代、大伴武以《たけもち》が、四人の大夫《まえつきみ》のひとりとして登場し、宮中の警護を任されている。この武以は、武日の子と考えられている。

さらに五世紀後半には、大伴室屋《むろや》が、允恭《いんぎょう》天皇の時代から顕宗《けんぞう》天皇の時代まで、五代の天皇に仕えた忠臣で、朝廷を支える三本の指に入っていた。

そして六世紀、継体天皇擁立の立役者、大伴金村が登場すると、その権勢はピークを迎える。

大伴氏の悲劇は、藤原氏台頭ののち、多くの大豪族が早ばやと没落していったなか、最後まで生き残ったがために、藤原氏の容赦《ようしゃ》ない攻撃を受けつづけたことにある。とくに、大伴旅人《たびと》と家持《やかもち》の親子が、その攻撃の犠牲となった。

大伴旅人は、万葉中期の歌人で名高い。けれども、官人、軍人としても功績を残していて、養老《ようろう》四年（七二〇）三月には、隼人《はやと》の反乱を鎮圧するために、征隼人持節大《せいはやとじせったい》将軍《しょうぐん》に任命されている。しかし一方で、藤原氏の一党独裁への野望の前に、葛藤を強《し》いられていくようになる。

養老五年（七二一）、藤原不比等《ふひと》の死を受けて、長屋王《ながやのおおきみ》が右大臣に昇り、朝堂のトップに立った。このとき大伴旅人も、従三位で中納言に出世する。旅人は、長屋王を支持したが、藤原不比等の四人の遺児《いじ》（武智麻呂《むちまろ》、房前《ふささき》、宇合《うまかい》、麻呂《まろ》）が要職についたことで、二つの派閥のあいだに軋轢《あつれき》が生まれていく。そして、長屋王が邪魔になった藤原四兄弟は、冤罪で一家ごと滅亡に追いこんだ。天平《てんぴょう》元年（七二九）二月のことである。

大伴氏系図

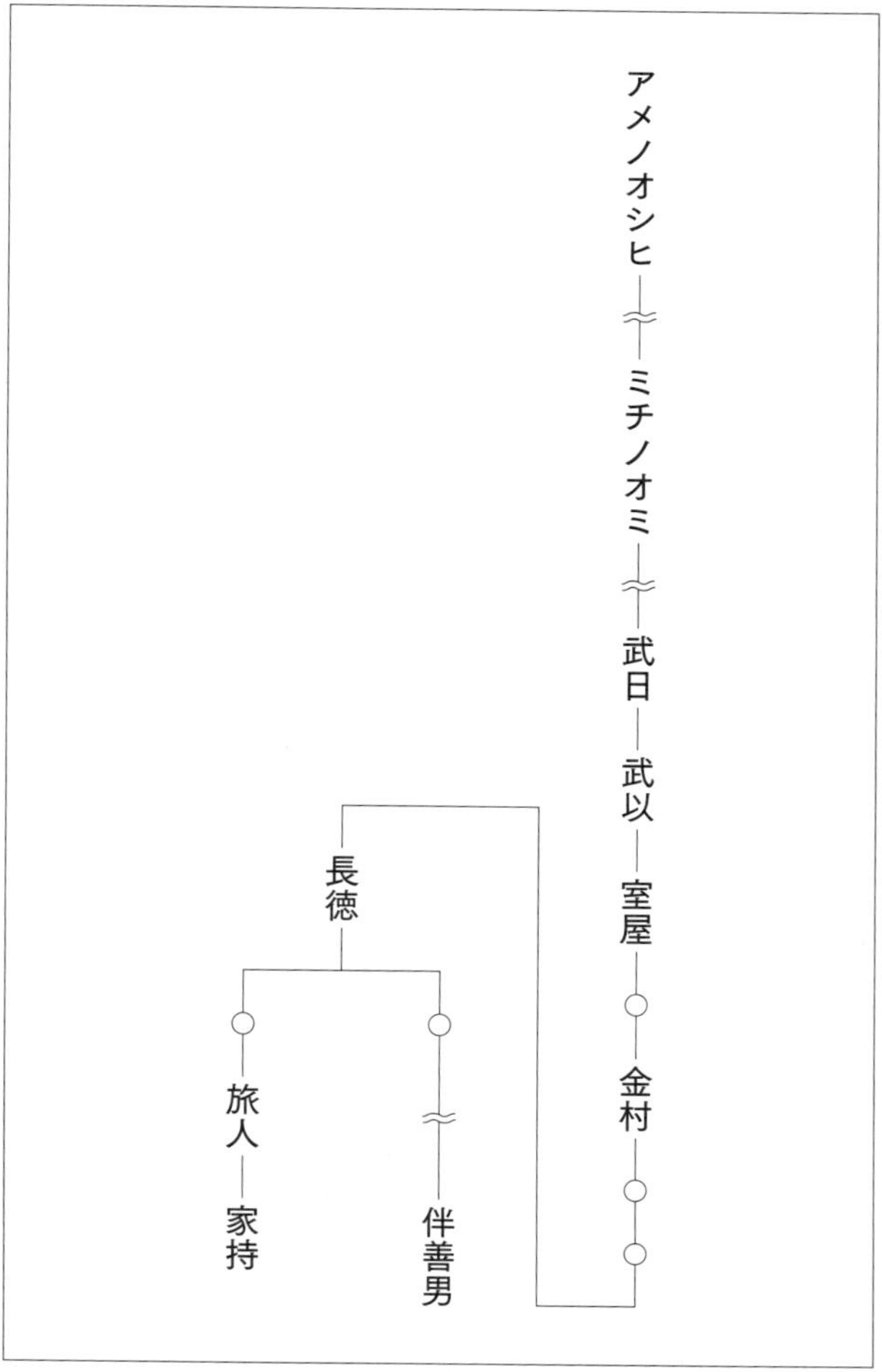
アメノオシヒ
ミチノオミ
武日
武以
室屋
金村
長徳
旅人
家持
伴善男

長屋王が亡ぼされたとき、旅人は、九州にいた。神亀《じんき》四年（七二七）に、大宰帥《おおみこともちのかみ》に任命されていたからだ。これは、藤原四兄弟による「反藤原派」の切り崩しの一環で、長屋王は、すでにこの時点で孤立していた。

いっぽうの旅人は、赴任地の大宰府《だざいふ》で、小野老《おののおゆ》や山上憶良《やまのうえのおくら》と「筑紫歌壇《つくしかだん》」を形成していた。かといって、泰然自若《たいぜんじじゃく》としていたのかといえば、本心は「自暴自棄」といったほうが真相に近い。酒びたりの日々だったからだ。

『万葉集』巻三―三三八～三五〇の旅人の歌は、どれも酒にまつわる歌である。

賢《さか》しみと　物いふよりは　酒飲みて　酔泣《ゑひなき》するし　まさりたるらし

（巻三―三四一）

（大意）偉そうに論を述べるよりは、酒に酔い、泣きたい気持ちが勝っている……。

なかなかに　人とあらずは　酒壺《さかつぼ》に　成りにてしかも　酒に染《し》みなむ

（大意）中途半端に人間でいるよりも、いっそのこと酒壺になってしまいたい。そして、全身で酒に浸《ひた》りたい……。

（巻三―三四三）

「酒壺になりたい」とは、すごい表現だ。これはもう、立派なアル中状態といえるのではないか。おかしみというよりかは、哀れをもよおさせる。

大宰帥は、大伴旅人にとっては左遷であっても、外務大臣だ。閑職ではない。こんなことをしていてよかったのだろうか。こうして「酒壺になりたい」と歌っているうちに、長屋王一家は滅亡した。直後に、旅人は藤原房前に命乞《ご》いをすることで許され、都に戻ったのだった。

切り捨てられた大伴家持《やかもち》

奈良時代の大伴氏は、「反藤原」なのだが、宗家の旅人や家持親子が、「死を賭《と》して抵抗した」わけではなかった。歯がゆいといえば、歯がゆい。彼らは、「名家」の嫡《ちゃく》流《りゅう》という意識が強かったのだろう。だから、責める気にはなれない。

父と並んで万葉歌人として名高い、大伴家持の気持ちを推《お》しはかるうえで、これ以上ないと思われる歌が、やはり『万葉集』に残されている。それが、「族《やから》に諭《さと》す歌一首」である。
聖武太上天皇《しょうむだいじょう》と橘諸兄《たちばなのもろえ》が亡くなり、柱を失った「反藤原派」が、時の権力者、藤原仲麻呂《なかまろ》（恵美押勝《えみのおしかつ》）に反撃を加えようとしている不穏な空気のなか、この歌が詠《よ》まれた。

……君《きみ》の御代《みよ》御代　隠さはぬ　赤き心を　皇辺《すめらべ》に　極《きは》め尽して　仕《つか》へ来《く》る　祖《おや》の職《つかさ》と　言立《ことだ》てて　授け給へる　子孫《うみのこ》の　いや継《つ》ぎ継ぎに　見る人の　語りつぎてて　聞く人の　鑑《かがみ》にせむを　あたらしき　清きその名そ　おぼろかに　心思ひて　虚言《むなこと》も　祖《おや》の名断《た》つな　大伴の　氏《うぢ》の名に負《お》へる　大夫《ますらを》の伴《とも》……

（大意）……われら大伴は、代々続く大君《おおきみ》（天皇）の御代、曇りのない心を大君のもとに捧げ、仕えてきた職だということで、授けられた、清らかな名である。子孫の絶えることなく、見る人が語り継ぎ、聞く人の手本となる、誉《ほま》れある清い、その名である。ぼんやりと軽々しく考えて、先祖の名を絶《た》やしてはならない。大伴の氏の名を持つ、ますらおたちよ。……

(巻二十－四四六五)

大伴家持は、この歌で「大伴の氏の名に負へる大夫の伴」と呼びかけ、一族に自重を求めた。それは、「大伴氏は、代々天皇にお仕えしてきた名門なのだ。ゆえに、清らかな氏名を授かった」という自負ゆえである。

また、天平二十一年(七四九)四月一日、聖武天皇が盧舎那仏《るしやなぶつ》(奈良の大仏)に読みあげた宣命《せんみよう》を受けて、大伴家持は、『万葉集』巻十八に収録された「陸奥国《むつのくに》より金を出《いだ》せる詔書《しようしよ》を賀《ほ》く歌一首」を歌っている。そのなかに、つぎの一節がある。

……海行《みゆき》かば　水浸《みつ》く屍《かばね》　山行かば　草生《む》す屍　大君《おほきみ》の　辺《へ》にこそ死なめ
顧みは　せじと言立《ことだ》て……

(大意)……海を行けば、水につかる屍、山行けば、草の生える屍となり、大君の

（巻十八－四〇九四）

おそばで死のうと、顧みはしないと誓い……

さらに、この歌には続きがあって、大伴氏とその同族である佐伯氏は、「末裔は先祖の名を絶えず、大君にお仕えするだろう」と先祖がお誓いし、受け継いできた大切な職だから、梓弓《あずさゆみ》を持ち、剣太刀《つるぎたち》を佩《は》いて、朝夕の守りとして、御門《みかど》を守護する者は、ほかの者にはできないと奮い立つ……。

これほど、天皇家に寄り添ってきた氏族が、他にあっただろうか。しかし結局は、大伴家持も藤原氏に利用され、そのあげく謀反人《むほんにん》あつかいされてしまうのだった。じつに哀れな最期である。

第十一章　阿倍氏《あべ》　——敢国《あえくに》神社

伊賀《いが》は、僻地《へきち》か

古代氏族の阿倍氏と聞いて、どんな名前を思いだすだろうか。

まず、陰陽師《おんみょうじ》・安倍晴明《あべのせいめい》の名があがるが、彼は平安時代の人である。奈良時代にさかのぼれば、阿倍仲麻呂《なかまろ》（安倍仲麻呂）が歌人として知られている。小倉《おぐら》百人一首にも選ばれた、「あまの原　ふりさけ見れば　春日《かすが》なる　御蓋《みかさ》の山に　いでし月かも」の作者だ。

また、七世紀にも多くの阿倍氏が活躍した。阿倍倉梯麻呂《くらはしまろ》は、大化の改新で、左大臣となるが、右大臣の蘇我倉山田石川麻呂《そがのくらやまだのいしかわのまろ》に讒言《ざんげん》されて自殺している。当時の重要人物である。その少しあとに、蝦夷征討《えみしせいとう》を成功させた、将軍・阿倍比羅夫《ひらふ》がいる。

中大兄皇子《なかのおおえのみこ》（天智《てんじ》天皇）の命により百済《くだら》救援に向かい、白村江《はくすきのえ》で敗れたときの将軍も、この比羅夫である。

奈良時代以降、その政治的地位は衰えていき、後世は陰陽の道に活路を見いだすが、各時代に重要人物を輩出した名門氏族でもあった。

この阿倍氏が、祖神を祀っていた神社が、伊賀《いが》にある敢国《あえくに》神社（三重県伊賀市）である。

伊賀といえば、伊賀忍者の故郷だ。三重県の海岸地帯から入れば、だいぶ山奥である。また、奈良県側から伊賀に向かっても、峠をいくつも越えていかねばならない。いかにも、忍術が発達しそうな土地だと、思いがちだ。

聖武天皇は、伊賀から山ひとつ北側の信楽《しがらき》（紫香楽）に宮を築いたが、これも、「なぜあんな辺鄙《へんぴ》なところに」と、首をひねりたくなる。ただし、これは現代人の感覚であって、伊賀も信楽も、けっして僻地《へきち》ではない。

しかし、川を下れば一気に琵琶湖に出て、さらに琵琶湖から宇治《うじ》川を下れば、大坂に出られる。巨椋《おぐら》池を経由して木津川をさかのぼれば、奈良県境にいたる。紫香楽宮と平城京は、水路でつながっていたのだ。事実、信楽周辺の木材は、この水上の道を

伊賀は古代の文化圏であった

木津川の上流、拓植川は、豊かな水量である

利用して運送されていた。

伊賀の場合も、木津川を使えば、巨椋池に下ることができた。水路は、同じ距離でも、陸路よりずっとエネルギーを使わずに移動できる。古代の地の利は、現代人には理解しにくいものなのである。

阿倍氏とオオビコ

さて、敢国神社は、全国的にはあまり名が通っていないが、もちろん式内社《しきないしゃ》であり、伊賀国一之宮として篤《あつ》い信仰で守られてきた。祭神は、阿倍氏の祖神であるオオビコ（大彦命《おおびこのみこと》）と、少彦名命《すくなびこなのみこと》、金山比咩之命《かなやまひめのみこと》である。七世紀中頃の創建というから、乙巳《いつし》の変（六四五）、大化改新の前後ということになるだろう。

神社は、南宮山《なんぐうさん》に向かい合うような形で鎮座する。この山は、なだらかな円錐《えんすい》形に見え、三輪山などと同じく、典型的な神奈備《かんなび》、御神体山である。

平安時代、敢国神社は「南宮社」と呼ばれた。主祭神の一柱は、「南宮山金山明神＝金山比咩之命」なのだから、やはり南宮山と敢国神社のつながりは強かったのだろ

円錐形の山容を持つ南宮山。御墓山古墳のあたりから見たところ

敢国神社。
階段上の建物が拝殿

オオビコが埋葬されているという御墓山古墳

御墓山古墳の前方部

う。ちなみに、金山彦命を主祭神として祀っているのは、美濃国一之宮、南宮大社（岐阜県不破郡垂井町）である。

南宮山は、古く「国見山《くにみ》」と呼ばれていた。「国見」は、「予祝行事《よしゆく》」や「共同体の儀礼」をあらわし、しだいに「王権儀礼」になっていったものだから、この盆地を支配していた者が、敢国神社の祭神と深く関わっていたことは、当然だろう。

ところで、最初の主祭神は、敢国津神《あえのくにつかみ》だった。これは、旧阿拝郡《あべのこおり》一帯の国神《くにつかみ》（土着の神）である。このあと、しだいにいくつもの神が勧請《かんじよう》されていくが、十八世紀の『神名帳考証《じんみようちようこうしよう》』のなかで度会延経《わたらいのぶつね》は、敢国神社の祭神をオオビコに比定した。さらに、明治時代になると、主祭神をオオビコとしたうえ、脇に金山比咩命と少彦名命が祀られるようになった。

というと、いかにも近世から近代にかけて、祭神が大彦命にすりかえられたようなイメージだが、そうでもない。伊賀とオオビコには、たしかな接点がある。

オオビコは、第八代孝元天皇の長子とされ、母は物部系の鬱色謎命《うつしこめのみこと》である。阿倍氏、膳《かしわで》氏、阿閉《あべ》氏、狭狭城山《ささきのやま》氏、筑紫国造《つくしのくにのみやつこ》家、越《こしの》国造家、伊賀氏といった、七族の始祖となっている。

ちなみに『古事記』は、阿倍氏の祖をオオビコの子の建沼河別命《たけぬなかわわけのみこと》（武渟河別）に求める。この親子は、崇神《すじん》天皇の時代、四道将軍《しどうしようぐん》として東国に派遣された。太平洋側と日本海側からそれぞれが進軍し、会津若松《あいづわかまつ》市付近で落ちあったと伝わり、「相津《あいづ》」（会津）の地名は、こうして誕生したという。

また、孝元天皇と物部系の伊香色謎命《いかがしこめのみこと》のあいだに生まれた彦太忍信命《ひこふつおしのまことのみこと》の孫が、武内宿禰《たけのうちのすくね》で、この系譜を信じるならば、阿倍氏は蘇我氏と遠い親戚筋ということになる。阿倍氏も蘇我氏も、継体《けいたい》天皇がコシ（越《こし》、北陸）から連れてこられたあと、六世紀に急速に力をつけるので、この系譜は無視できない。

また、阿倍は、「阿閉」とも、「阿拝」とも、「安倍」とも表記されるが、これらはいずれも「アヘ」である。同族に膳氏がいるように、「アヘ」は、儀礼に際して膳《ぜん》を供える「饗＝あへ」が本来の意味と考えられる。阿倍氏の末裔《まつえい》である安倍氏も、宮廷内の料理や供物を管理する大膳大夫《だいぜんのだいぶ》の役職を担《にな》っていた。この「アヘ」は、敢国の「敢」でもある。

阿倍氏系図

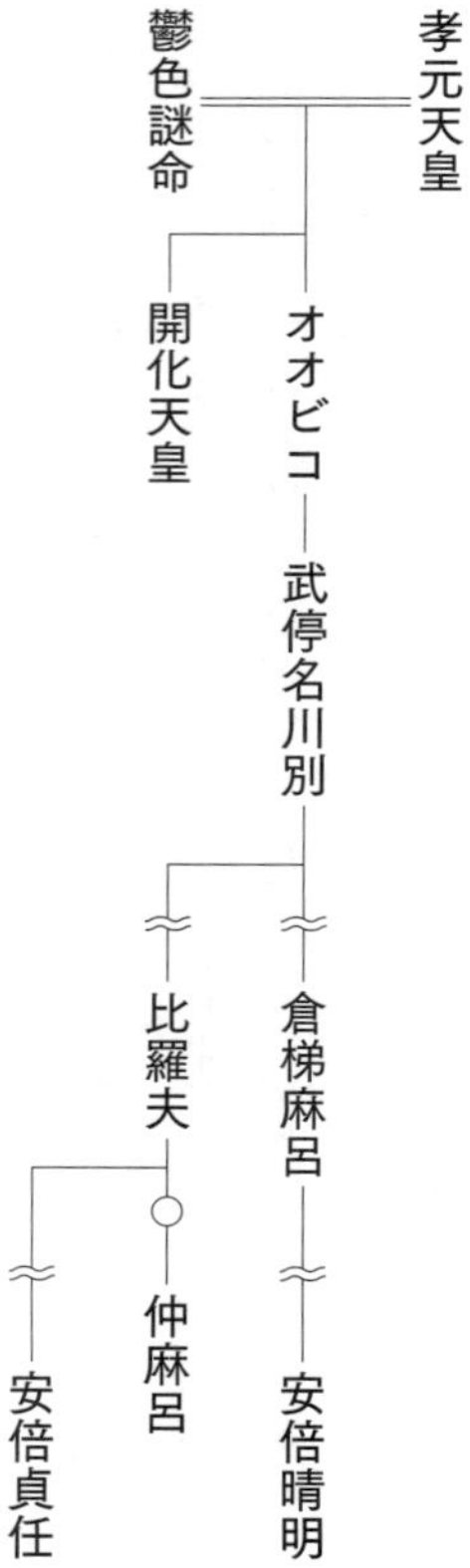

阿倍氏と始祖を同じくする、阿閉氏と伊賀氏は、伊賀を本拠地とした氏族であった。これらの氏族はいずれも、「臣《おみ》」姓であるが、「臣姓氏族」は地名を名にする例が多い。このうち阿閉氏は、伊賀国阿拝郡に根を張り、敢国神社を祀っていた氏族だろう。そして彼らの始祖がオオビコであるから、敢国神社の祭神も、そう考えられるようになったのである。

そして、敢国神社の少し北には、全長一八〇メートルを誇る御墓山《みはかやま》古墳がある。これは、三重県最大級の前方後円墳であり、被葬者はオオビコに比定されている。古代から栄えた地域であるのがわかるだろう。

「東」とヤマトをつなぐネットワーク

ヤマト建国で果たした「東」の力は大きかった。伊賀のある盆地は、両地域を結ぶ交通の要衝《ようしょう》である。阿倍氏同族がここに拠点を構えていた意味は、けっして小さくないと思う。阿倍氏はまさに、「東とヤマトをつなぐ」役を負っていたからである。

阿倍氏の発祥は、大和国十市郡《とおちのこおり》安倍（奈良県桜井市）と考えられているが、この一帯は、六世紀以前の大きな遺跡がみつかっていない。阿倍氏が活躍するのはこのあとで、しかも忽然《こつぜん》と発展している。したがって阿倍氏は、継体天皇の出現とともに、北陸からやってきたのではないかとも考えられる。

ただし、阿倍氏全盛期の面影《おもかげ》は、桜井市安倍の地には、ほとんど残されていない。かろうじて、地名と、安倍文殊院《もんじゆいん》と周囲の古墳群があるだけだ。

大化元年（六四五）、孝徳朝の左大臣だった阿倍倉梯麻呂が勅願《ちよくがん》によって、安倍寺（阿倍廃寺）を建立した。いまも安倍文殊院の南西側に、礎石《そせき》だけが残され、史跡公園として整備されている。十六世紀、松永弾正《まつながだんじよう》によって安倍寺は焼失し、十七世紀に現在の場所に再建された。

安倍文殊院境内には、七世紀前半の文殊院東古墳、七世紀中頃の文殊院西古墳という、二基の横穴式《よこあなしき》古墳が存在する。これらは、もちろん阿倍氏の氏上《うじのかみ》の墳墓と考えられるが、どちらも石室が露出している。古墳の石室は、よほどの理由がなければ露出しないことを、肝《きも》に銘《めい》じてほしい。つまり、飛鳥の石舞台と同様、八世紀以降の政権にとって、阿倍氏は「いやなヤツ」だった可能性がある。逆にいえば、嫌われるほど栄えたということでもあろう。

創建安倍寺は、これら巨大な古墳の傍《かたわ》らに建てられ、また、安倍寺焼失後は、もともと古墳だったのが破壊されてしまった「屈辱の地」に、新たに安倍文殊院が建てられたわけで、この経緯だけで、ひとつの物語を描くことができよう。安倍文殊院は、一瞬の光芒《こうぼう》を放った阿倍氏の墓標である。

ところで、阿倍氏の存亡は、蘇我氏のそれと重なっている。ちょうど継体天皇がコシ（越）から出現したころ、蘇我氏も阿倍氏も、頭角をあらわしていった。

そして、両者に共通するのは、「東」とのつながりだろう。

まず、蘇我氏全盛時代、ヤマト朝廷と東国の蝦夷は、知られざる蜜月を迎えていた。蝦夷たちは飛鳥にやってきて饗応《きようおう》されたし、蘇我大臣《そがのおおおみ》（蘇我蝦夷）は自宅に彼らを招き、慰問した。また蘇我氏は、ガードマンとして「東方儐従者《あづまのしとべ》」（東国の屈強の兵士）を選んでいる。両者のあいだに信頼関係ができあがっていたということだろう。

東北地方には、六世紀ごろから大量の移民が送りこまれていたことがわかってきたが、東北の土着の民と新来の民は、うまく共存し、棲《す》み分けしていたこともわかっている。北上川《きたかみがわ》上流域の藤沢狄森《ふじさわえぞもり》古墳群（岩手県紫波《しわ》郡）は、七世紀中葉から八世紀にかけてつくられた終末期古墳で、一〇〇基が見つかっている。想像以上に、東北地方の「ヤマト化」は急速に進んでいたのだ。

ちなみに、この時代に、東北地方に南側から大量の移民が流れこんだため、いわゆる「蝦夷」と分類できるような民族の違い、遺伝子の違いは、ほとんどなくなってしまったのだという。

じつは、八世紀の「蝦夷征討」も、「異民族」との戦いではなく、ヤマトを支配した藤原系政権と、東に移った旧政権の亡霊との「最後の主導権争い」だったというのが、筆者の考えである。

壬申の乱（六七二）を制した大海人皇子を、筆者は「蘇我系の皇族」、「親蘇我派」とみなしているが、大海人皇子を支えたのは、蘇我氏であり、東国の軍団であった。蘇我入鹿の父の名が「蝦夷」であるのも、蘇我氏と「東」の関係を暗示しているように思えてならない。

大海人皇子は乱の直前、身の危険を感じ、吉野《よしの》（奈良県吉野郡）の山中に身を寄せるが、吉野の山の民、川の民は、縄文的な香りを残す人びとで、東国ともつながっていたのだろう。

この、「東国との縁」は、よく考えてみれば、継体天皇を支えた人びとのネットワークであり、継体天皇の出現とほぼ同時に頭角をあらわした蘇我氏と阿倍氏は、ともに東国とヤマトを結ぶネットワークを、うまく活用した人びとだったにちがいない。

藤原氏が東北蝦夷征討に突き進んだ理由

阿倍氏が、東国から継体天皇とともにやってきたのではないかという見方について、もう少し考えてみたい。

阿倍系氏族の勢力図は、横穴墓の分布と重なっていることが多く、しかも、東国で目立っている。

その同族に宍人臣《ししひとおみ》があるが、彼らは、「肉」を管理する部民《べみん》を束《たば》ねていた。狩猟民的な人たちであり、東国的で縄文的な文化を守ってきた人たちであろう。

また、阿倍氏同族に越国造があるが、コシは「蝦夷の盤踞《ばんきょ》する地」として『日本書紀』に忌《い》みきらわれた土地だ。

それとは逆に、蝦夷たちにとって、「アベ」はブランドだったようで、恭順してきた蝦夷たちは、競って「アベ」を名のるようになった。これが、「東北の安倍氏」である。オオビコを祀る神社は、東北や北陸に多い。

阿倍氏は、蘇我氏とともに没落し、代わって台頭したのが藤原氏だった。藤原氏が権力の座につくと、なぜか「東」を敵視しだした。すでに触れた三関固守《さんげんこしゅ》だけではなく、朝廷は、本格的に東北蝦夷征討に突き進んでいく。

蘇我氏全盛期だけではなく、七世紀後半まで、ヤマト朝廷と蝦夷は、共存の道を歩んでいた。天武《てんむ》十一年（六八二）、越の蝦夷が「郡を立てたい」と申しでてきたときも、朝廷はこれを許している。権郡《ごんぐん》（仮の郡）だが、蝦夷の自治区が出現したのだ。

ところが、平城京遷都（七一〇）の直前から、雲行きが怪しくなる。和銅《わどう》二年（七〇九）三月五日には、「陸奥《むつ》と越後《えちご》の二国の蝦夷には野心があり、なかなか靡《なび》いてこない。また、しばしば良民を害す」と、一方的に、言いがかりをつけて出兵している。

和銅五年（七一二）九月二十三日、つぎの太政官議奏《だいじょうかんぎそう》があった。

北の蝦狄《かてき》は、遠く峻険《しゅんけん》な地形を利用して、狂心《きょうしん》をほしいままにし、しばしば辺境を侵《おか》している。官軍は雷のように撃《う》つが、凶賊は霧のように消えてなくなってしまう。

と、てこずっている様子が描かれる。そうこうしているうちに、養老《ようろう》四年（七二〇）九月、陸奥国の蝦夷が、反乱を起こした。ここから蝦夷征討は本格化するが、蝦夷の抵抗は激しく、戦争は長期化し、平安時代にいたるまで屈しなかった。

それにしても、なぜ藤原政権は、蝦夷征討に突き進んだのだろう。おそらく、こういうことではなかったか。

藤原氏は、蘇我氏や阿倍氏を倒し、衰弱させることによって、権力を握った。倒した敵を後押ししていたのは、東海地方や北陸地方など「東」の勢力であった。

彼らにとって恐ろしかったのは、この「東」であり、その武力を、さらに東北の地域に差し向けることによって、中央から遠ざけた。そして、まさに「夷《い》をもって夷を制す」という策に出たのではなかったか。

思えば、阿倍比羅夫に蝦夷征討を命じたのは、中大兄皇子と斉明天皇であった。また、崇神天皇が任命した四道将軍として、阿倍氏の祖であるオオビコと建沼河別命の二人が選ばれ、ともに「東」へと向かわされた。阿倍氏は、「東」と戦う運命を背負わされていた。

ただ、最後の大きな謎は、蝦夷征討が本格化したのちも、東北蝦夷は「ヤマトの阿倍」に憧れつづけていたことだろう。ここに、阿倍氏の最大の謎が隠されているように思えてならない。この一族の正体は、まだ明かされていないのである。

第十二章　秦氏《はた》　——伏見稲荷《ふしみいなり》大社

オイナリサンは、なぜ多いのか

伏見稲荷《ふしみいなり》大社は、京都市街地の東南、稲荷山の西麓にある。初詣《はつもうで》の参拝者数においても、京都でずっと一位を守り、近年は、「千本鳥居《せんぼんとりい》」の不思議な光景が、若い人たちや外国からの観光客にも人気となっている。いまだ参拝者の絶えない、京都有数の名社といえるだろう。

また、全国に稲荷神社は、おもだったものだけで三万社あり、やはり数の多い八幡《はちまん》系の神社と合わせれば、全神社の過半数になるそうだ。伏見稲荷神社も、宇佐《うさ》神宮をはじめとする八幡神社も、どちらの成立にも秦氏が深くかかわっていた。秦氏は新羅《しらぎ》系渡来人《とらいじん》だから、神社の多くは「朝鮮半島系」ということになる。「神道は、日本固有の信仰」と頭から信じている人には、ショックかもしれない。

もちろん、中世以降、武士が台頭し八幡信仰を広めていったのだから、この段階ですでに、渡来系うんぬんといった話は、ほとんど意味をなさなかったかもしれない。

また、江戸時代になって増殖した稲荷も、もはや日本独自の信仰だろう。

しかし、その一方で、秦氏の構築した巨大なネットワークが存在したからこそ、彼らがつくりあげた信仰が受けいれられていったのだと思う。

江戸時代の有名なはやり言葉に、稲荷の祠《ほこら》にまつわるものがある。

伊勢屋《いせや》　稲荷に　犬の糞《くそ》

伊勢屋、稲荷、犬の糞と、頭が「い」で始まる江戸の風物詩三つを揃えたしゃれだが、それほど、稲荷はありきたりだったわけである。

「オイナリサン」の祠は、なぜ、いたるところにあるのだろう。稲荷の社があった場所にビルを建てる場合も、たいがいの場合、場所を移したり壊したりせずに、そのビルの屋上に祠を移し、丁重に祀る。その後、信仰が廃《すた》れたという例も少ない。だから、ビルの屋上にある神社は、ほとんどすべてが稲荷社である。

稲荷神社は、活発に伝播《でんぱ》し、増殖しただけではなく、「壊せない」という呪縛のようなものがあった。それで、時代とともに増えつづけたのだろう。では、なぜ日本人は、稲荷の祠を壊すことができないのか。

稲荷神社の主祭神は、宇迦之御魂神《うかのみたまのかみ》（『日本書紀』の表記は倉稲魂神）で、穀物の神だ。人びとに豊穣《ほうじょう》をもたらす、ありがたい神である。『日本書紀』には、イザナギとイザナミの子とあり、『古事記』には、スサノヲの子とあるが、活躍らしい活躍は記されていない。

そもそも、これを祀っていた秦氏は、新羅系渡来人なのだから、神話の神々との系譜上のつながりはない。秦氏の祖神が、宇迦之御魂神だったというわけでもない。

『山城国《やましろのくに》風土記』逸文《いつぶん》には、稲荷神社の「いなり」の名の由来が記される。

秦中家忌寸《はたのなかつえのいみき》らの遠祖・伊侶巨《いろこ》（伊侶具《いろぐ》）の秦公《はたのきみ》は、稲や粟《あわ》を積み、富を蓄えた。あるとき餅を的にして矢を射かけたら、餅は白い鳥になって飛び去り、山の峰（稲荷山）に降りた。すると、白い鳥は稲となって実った。そこで、ここに社を築き、神社の名にした。伊侶巨の末裔は、先祖の過《あやま》ちを悔《く》いて、社の木を根っこごと引き抜き、家に植えて祀った……。

これとよく似た話は、豊後国《ぶんごのくに》（大分県）の『風土記』にも残されている。稲荷の神は、穀物の神であるとともに、豊穣と富をもたらす神でもある。

日本を豊かにした功労者

稲荷の神が豊穣をもたらすとされた理由のひとつに、やはり秦氏の活躍があった。秦氏が束ねたのは、身分の低い者たちだったが、巨大で堅固なネットワークを形成して得た実力は、平安時代になっても衰えなかった。だから「八幡神」は、いざというときに権力者から頼りにされたのだろう。

秦氏がいつごろ日本にやってきたのか、定かなことはわからない。じつは、『日本書紀』に、はっきりとした記録が残されていないためだ。ただし、応神《おうじん》天皇の時代に、秦氏の祖らしき人物が日本に向かったとあり、このため通説は、おおよそ四世紀末から五世紀末にかけて渡来したのではないかとしている。ただし筆者は、もっと古く、ヤマト建国前後、つまり三世紀後半から四世紀初頭ごろではないかと考えている。

古代の天皇家も、富み栄えた秦氏の力を頼りにしていた。

欽明《きんめい》天皇は、幼いとき夢のなかに人があらわれ、「秦大津父《おおつち》なる人物を寵愛《ちょうあい》すれば、かならず成人して天下を治めることになる」と告げられた。そこで人を遣わして秦大津父を探させると、山背国紀郡《やましろのくにきのこおり》の深草里《ふかくさ》（京都市伏見区深草）で見つかった。彼を呼び寄せ、重用し、大蔵の管理を任せると、繁栄することができたと、『日本書紀』のなかの説話にある。

また、『日本書紀』雄略《ゆうりやく》十五年の条には、つぎのような話が載る。

天皇は詔《みことのり》して秦の民を集め、秦造酒《はたのみやつこさけ》に下賜した。秦造酒は、庸《よう》（麻布）と調《ちょう》（絹・絁《あしきぬ》）と上質の絹を奉献し、朝廷に積みあげた。そこで天皇は、姓を下賜し、「ウヅマサ」（うずたかく盛りあげたから）とした。

これが、京都の「太秦《うずまさ》」の地名として残っている。よく似た話は、『古語拾遺《こごしゅうい》』にもある。

秦氏は殖産《しょくさん》興業の氏族だ。先進の土木技術を駆使して未開の地を開墾《かいこん》し、農地を広げた。また、養蚕《ようさん》を得意とした。日本黎明期の発展に必要な技術を持ちこんだのが、秦氏の大きな貢献である。彼らは、天皇家と強く結ばれ、国を豊かにしてくれた氏族だった。ヤマトに政権があった時代から、先んじて京都を開拓し、この地に都を呼び寄せる原動力となったのも、秦氏の働きがあってのものだろう。

ところが、天皇が「民を集めて秦造酒に下賜した」とあるように、「秦氏」と呼ばれる、すべての人が血縁でつながっていたわけではなかった。職業ごとに集まった擬制的な集団である。であるから、その系統を一本の血筋でとらえることは難しい。

『新撰姓氏録《しんせんしょうじろく》』によれば、秦氏は、「秦《しん》の始皇帝《しこうてい》の末裔」を名のっていたらしい。始皇帝の末裔はともかく、中国大陸からいったん朝鮮半島に逃避し、さらに日本に渡って来た可能性は、否定できない。

考古学者の森浩一《もりこういち》は、『古代豪族と朝鮮』のなかで、京都嵐山《あらしやま》の葛野大堰《かどのおおい》と中国（秦の時代）の都江堰《とこうえん》がよく似ていることに注目している。山から平野に向けて、川が出てくる境目に堰《せき》を設け、人工島をつくることで水の流れを分断し、灌漑《かんがい》用水を確保する技術である。奈良時代、秦氏は、「われわれが秦《しん》の技術を駆使してつくった」と自慢気に語っている。

豊穣の神、祟る神

伏見稲荷大社といえば、「千本鳥居」といわれる、厖大《ぼうだい》な数の鳥居が有名だが、その数は「千本」どころか、数万本におよぶという。氏子たちが競って奉納しているあいだに、あのような状況になってしまった。

鳥居は、社殿の背後から、稲荷山の中腹に向かって並んでいる。稲荷山は、三つの峰からなり、登山道の周囲には、「お塚《つか》」と呼ばれる無数の石造の祠が、ところ狭しと並べられている。祠は、現在にいたるまで、際限なく増えつづけている。

さらに、それぞれの峰には、前期の古墳が造営されていて、二神二獣鏡《にしんにじゅうきょう》や変形四獣鏡《へんけいしじゅうきょう》などの副葬品が埋納されていた。秦氏がこの地に定住する以前からあった首長墓群らしい。秦氏は、古墳や石造祭祀物が点在する聖地に、あとから入って、活動の拠点としたのだろう。

稲荷山は、いわゆる神奈備《かんなび》型の霊山であり、縄文時代から続く聖地だったかもしれない。その土には、天香具山《あまのかぐやま》の土と同様に、霊力があると信じられていた。だから、人びとは稲荷山の土を持って帰り、田畑に播《ま》いた。

十六世紀後期以来、稲荷大社では、土人形（伏見人形）がお土産として売られていたが、そのなかには、男根《だんこん》をかたどったものもあった。参詣客は土製の男根を買い求め、帰り道でぶつけあって遊び、やはり破片を田畑に播いたという。

それから、オイナリサンといえば、キツネである。稲荷の神の使いという説もあるが、なぜキツネなのか、じつはよくわかっていない。また、その尻尾が男根をあらわしているらしく、昔はキツネの置物の底に、淫靡《いんび》な絵が描いてあったそうだ。稲荷信仰と「性」は強く結ばれていたが、「性」は「生む力」でもある。豊穣をもたらすの

伏見稲荷大社の本殿裏に続く千本鳥居

稲荷山にある聖地。石が御神体である

このように鳥居はすきまなく
建てられている

は「性」である。

稲荷の神を祀れば、豊穣がもたらされた。だからこそ、人びとが競って稲荷の神を勧請したのは間違いないだろう。しかし、それで、日本じゅうが稲荷神社ばかりになってしまったのかといえば、話はそれほど単純ではない。稲荷の神が勧請される理由は理解できても、壊されない理由が見えてこないからだ。

壊されない理由は、稲荷の神が、あらゆる場面で「祟り」とつながっていたからである。稲荷の神も、恐ろしい神だった。われわれは、本能的にそれを知っていて、いまもって、「稲荷の祠を壊すと祟られる」と、震えあがっている。

都市や路地裏にある稲荷社の由来を調べると、多くの場合で、祟りとかかわっていたという。東京四谷《よつや》の「オイワサン」も、於岩《おいわ》稲荷である。恨みを抱いて死んでいった女性の墓の上に、稲荷社が建てられることもあった。これが、古墳稲荷であり、御《ご》霊《りょう》稲荷である。

さらに、大森恵子《おおもりけいこ》は『稲荷信仰と宗教民俗』のなかで、稲荷信仰と「水」の不思議なつながりを指摘している。井戸や湧き水のそばに稲荷社が祀られることが多く、灌漑や雨乞《あまご》いに「水の神」として祀られているという。

水の神は、祟る神だった。『日本書紀』に、水の神は豊穣をもたらすが、しばしば祟って出るという説話が頻繁《ひんぱん》に登場する。

なぜ、稲荷神は祟りとつながり、なぜ人びとは、恐ろしい神をしきりに勧請したのだろう。

すでに述べてきたように、日本人は、「祟る神こそ貴《とうと》い」、「祟る力を持っている神をなだめすかせば、豊穣をもたらす神に変身する」と信じていた。しかも、「祟る神は祟る者を調伏《ちようぶく》してくれる」のであり、だからこそ、恐ろしい神は重宝された。

では、どういったわけで、稲荷の神が「よく祟る」と信じられていたのかといえば、それが、「秦氏の祀る神」だったからである。

秦河勝《かわかつ》は「祟る鬼」

秦氏といっても、どのような人物が活躍していたのか、あまり知られていない。それでも、秦河勝《かわかつ》の名前だけはご存じという方は多いだろう。聖徳太子に寵愛され、国宝の弥勒菩薩《みろくぼさつ》像で知られる広隆寺《こうりゅうじ》（京都市右京区太秦）を建立した人物だ。

秦氏は、職人や芸能の民を生みだしていくが、彼の末裔を名のっているのが、能楽の父・世阿弥《ぜあみ》である。世阿弥は『風姿花伝《ふうしかでん》』のなかで、自身を秦河勝の末裔としたうえで、猿楽の起源を語り、さらに、秦河勝は「祟る鬼」だと指摘している。これはどういうことだろう。

『風姿花伝』のなかにある説話を見てみよう。

秦河勝は、欽明天皇から推古《すいこ》天皇にいたる歴代天皇と聖徳太子に仕え、中楽《さるがく》（猿楽）を子孫に伝えた。そして、化人《けにん》（化生《けしょう》の人、化け物、変化《へんげ》）は、跡形もなく消えるものだからと、摂津国《せつつのくに》の難波《なにわ》の浦（大阪市）から、「うつほ舟」（丸木舟）に乗って風に任せて西に向かった。

ところが、播磨国《はりまのくに》坂越《さこし》の浦（兵庫県赤穂《あこう》市の大避《おおさけ》神社）に着いた舟を、浜辺の人たちが引きあげてみると、乗っていた者は人間ではなかった。人びとに憑依《ひょうい》し、祟り、奇瑞《きずい》をなした。神として祀ると、国は豊かになった。そこで「大きに荒るる」と書いて、「大荒《おおさけ》大明神」と名づけた。いまでも霊験あらたかだという。

なぜ世阿弥は、秦河勝を「化人」と呼び、「祟る」と書き残したのだろう。仮にも、自分の先祖である。

坂越の大避神社の伝承によれば、秦河勝がこの地に逃れてきたのは、「蘇我入鹿の乱」のときだったとしている。一般にこれは、上宮王家滅亡事件ではないかと考えられている。蘇我入鹿が山背大兄王《やましろのおおえのみこ》の一族を襲い、聖徳太子と縁の深かった秦河勝は、何らかの形で巻きこまれ、難を逃れたのだろうという推理だ。

しかし、『日本書紀』に従えば、その後も、秦河勝は歴史に名をとどめている。少なくとも、蘇我入鹿が暗殺される直前まで、記録が残っている。

ならば、「蘇我入鹿の乱」とは、何だったのか。なぜ秦河勝は、祟るのか。

重要なヒントが、山背大兄王の名にある。「山背」（山城、京都）の地名が組みこまれていることだ。そのうえ、山背大兄王が蘇我入鹿の軍勢に追いつめられたとき、「山背に逃げましょう」と進言されている。とすれば、山背大兄王と、「山背の主」だった秦河勝とはつながっていた可能性が高い。

もうひとつの見方として、聖徳太子や山背大兄王が私見どおり虚像だったとすれば、上宮王家滅亡事件物語そのものが、なかったことになる。ならば、なぜ『日本書紀』は上宮王家と山背をつなげるのか。

ここに、秦河勝の本当の謎が隠されているのではあるまいか。蘇我入鹿が争ったのは、山背大兄王ではなく、秦河勝だったのではなかったか。

播磨の伝承によれば、秦河勝は、乙巳《いっし》の変（六四五）ののちも播磨にとどまり、亡くなったという。もし仮に、古代史を通説どおりに解釈すれば、上宮王家滅亡事件で逃れてきた秦河勝は、蘇我本宗家滅亡後、英雄として都に戻ることができたはずではないか。それができずに、逃亡先の播磨でひっそり亡くなったのだ。これは、どう考えても、つじつまが合わない。

秦河勝は、なぜ祟るのか

そこで筆者は、こう考えている。

まず、孝徳朝は、通説で信じられてきたような「反蘇我政権」ではなかった。もし上宮王家滅亡が架空の事件とすれば、秦河勝は、何をしでかして、播磨に隠棲しなければならなかったのか、こちらが問題になってくる。

蘇我入鹿暗殺劇の直前の『日本書紀』の記事が気になる。秦河勝が「常世《とこよ》の神とも聞こえた人物を懲《こ》らしめた」という。「とある重要人物を殺してしまった」という話だ。この話は、実際には蘇我入鹿暗殺を暗示していたのではあるまいか。

謎解きの鍵は、広隆寺（上宮王院）の本尊である「聖徳太子三十三歳像」に隠されている。じつは、この太子像に対して、歴代天皇は即位儀礼に用いた服を贈りつづけている。あたかも、みずからの即位をはばかり、聖徳太子に即位してもらうかのような不思議な伝統である。なぜ天皇家が、聖徳太子を恐れたのだろう。問題は、聖徳太子の正体だ。

筆者は、蘇我氏の手柄は「聖徳太子」にあずけられたと推理している。「聖徳太子」とは、「蘇我氏の虚像」なのである。

そして、「本当の改革者」であり、「王家に近く正統な」蘇我氏、その中心にいた入鹿を殺してしまったことで、天皇家は、その祟りにおびえた。現実に、蘇我入鹿は祟って出たと、『扶桑略記』に記録されている。それで、蘇我氏の虚像である「聖徳太子」を法隆寺で祀り、さらに、即位儀礼で用いた服を、広隆寺の「聖徳太子」へ贈りつづけたのだろう。

なぜ、聖徳太子像が広隆寺で祀られるのかといえば、蘇我入鹿暗殺の実行犯が、中大兄皇子や中臣鎌足ではなく、秦河勝だったからにちがいない。

秦河勝は、渡来系豪族として殖産興業につとめてきたが、日本にやってくるタイミングが早すぎた。蘇我氏は新しい技術を携えて来日した「今来《いまき》の才伎《てひと》」を重用していたから、古くからの渡来人には不満がたまっていたのだろう。

しかも、律令制度が整ってしまったら、これまで築きあげてきた巨大な富は、吸いあげられてしまう。経済力だけで生き残ってきた秦氏にとって、土地と民を手放せば、地位の低下は免れない。だから、秦氏は反動勢力となったのだろう。律令制度導入時点で起こった最大の軋轢《あつれき》が、まさに蘇我入鹿暗殺であり、その実行犯は、既得権益に守られた「金持ち、土地持ち豪族」がふさわしいように思われる。

ならば、なぜ秦氏は、蘇我政権を倒したのちの藤原政権下で、活躍できなかったのか。しかも、なぜ秦河勝自身が、「祟る鬼」とされてしまったのだろう。

おそらく、こういうことだろう。平安京遷都に際し、地元の秦氏は便宜《べんぎ》をはかり、そのために大活躍をし、出世し、藤原氏とも婚姻関係を結んだ。ところが藤原氏は、秦氏を利用しつくしたあとで、他の古代氏族たちと同様、すっぱりと切り捨ててしまった。こうして秦氏は、没落していくのだ。

しかし秦氏は、抹殺された歴史の裏側を誰よりも知っていた。天皇家と藤原氏の先祖（中大兄皇子と中臣鎌足）は、けっして「蘇我入鹿殺しの英雄」ではなく、むしろ「英雄殺し」の主犯だったという事実を、「実行犯」の立場から知りつくしていた。

そこで、天皇家と藤原氏による政権の繁栄を恨んだ秦氏の末裔が、祖である秦河勝を「祟る鬼」に見立てたのである。それは、「祟る鬼の末裔」を名のることで、権力者に恐怖心を与えるためであった。

その一方で、秦氏の末裔たちは、太子信仰の担《にな》い手になっていく。理由ははっきりとしている。『日本書紀』がつくりあげた巧妙なカラクリ「聖者・聖徳太子」を逆手にとったのだった。「聖徳太子をめぐる本当の話は、いつでも暴露できますぞ」と、藤原政権や王家を脅しつづけたのである。

つまり、時の権力者に向かって「わたしは秦河勝の末裔です」といえば、食い扶持《ぶち》には困らないということだ。世阿弥は、このことを子孫に残したかったのだろう。

おわりに

天皇は万世一系《ばんせいいっけい》でないとしても、「ヤマトの王家」そのものは、ヤマト建国以来、続いてきたのではないか……。最近、つくづく思うのだ。

そもそも古代の「天皇家」に実体はなく、蘇我、物部、尾張氏ら、ヤマト建国に活躍し、裏切り、裏切られた者たちが、恩讐《おんしゅう》を乗り越え、血の交流を進め、多くの者の血が集まって王家を形成していたのではないか、と思える。

ヤマト政権そのものが、いくつもの地域の首長たちの寄せ集めであり、その合議によって、政権は成り立っていた。また、「魏志倭人伝」に描かれた卑弥呼のように、それぞれの首長が王を「共立」していたのだろう。

天皇とは何か……。

日本人の信仰とは何か……。

日本人が知らなくてはいけないもっとも大切なことを、学校の教科書は教えてくれない。

けれども、いたる場所に神々は棲《す》み、すぐ脇に依《よ》り来《き》たり、宿り、われわれを見守ってくれている。そのような多神教的発想の根源をつかんでしまえば、ヤマトという国の成り立ち、天皇（大王《おおきみ》）の正体、日本人の心の拠《よ》りどころは、おのずと知れてこよう。

われわれの御先祖様たち、ヤマトを構成した豪族たちは、「共存」する体制を大切にしていたのだ。けれども、八世紀になって藤原氏が権力者の地位に登りつめた段階で、日本のよき伝統は、失われてしまった。

日本人の信仰と正体を知るには、『日本書紀』編纂以前のわれわれの先祖の歴史を知ることが早道と気づかされるが、その道のりは困難である。

今回の執筆にあたり、歴史作家の梅澤恵美子氏に御尽力いただきました。改めてお礼申し上げます。

合掌

切りとり線

★読者のみなさまにお願い

この本をお読みになって、どんな感想をお持ちでしょうか。祥伝社のホームページから書評をお送りいただけたら、ありがたく存じます。今後の企画の参考にさせていただきます。また、次ページの原稿用紙を切り取り、左記まで郵送していただいても結構です。

お寄せいただいた書評は、ご了解のうえ新聞・雑誌などを通じて紹介させていただくこともあります。採用の場合は、特製図書カードを差しあげます。

なお、ご記入いただいたお名前、ご住所、ご連絡先等は、書評紹介の事前了解、謝礼のお届け以外の目的で利用することはありません。また、それらの情報を6カ月を越えて保管することもありません。

〒101－8701（お手紙は郵便番号だけで届きます）
祥伝社新書編集部
電話03（3265）2310
祥伝社ホームページ　http://www.shodensha.co.jp/bookreview/

★本書の購買動機（新聞名か雑誌名、あるいは○をつけてください）

＿＿＿＿新聞の広告を見て	＿＿＿＿誌の広告を見て	＿＿＿＿新聞の書評を見て	＿＿＿＿誌の書評を見て	書店で見かけて	知人のすすめで

★100字書評……神社が語る　古代12氏族の正体

名前

住所

年齢

職業

関 裕二　せき・ゆうじ

1959年、千葉県生まれ。歴史作家。『聖徳太子は蘇我入鹿である』で衝撃的デビューを果たしたのち、日本古代史を中心に、ユニークな視点から執筆活動を続けている。著書に、『新史論／書き替えられた古代史1〜3』『教科書に絶対！載らない　偽装！古代史』『源氏と平家の誕生』『古事記の禁忌　天皇の正体』『物部氏の正体』『蘇我氏の正体』『藤原氏の正体』『古代史謎解き紀行Ⅰ〜Ⅴ』などがある。

神社《じんじゃ》が語《かた》る　古代《こだい》12氏族《しぞく》の正体《しょうたい》

関《せき》 裕二《ゆうじ》

2014年 7 月10日　初版第 1 刷発行
2014年 8 月10日　　　第 3 刷発行

発行者……………竹内和芳
発行所……………祥伝社しょうでんしゃ
〒101-8701　東京都千代田区神田神保町3-3
電話　03(3265)2081(販売部)
電話　03(3265)2310(編集部)
電話　03(3265)3622(業務部)
ホームページ　http://www.shodensha.co.jp/

装丁者……………盛川和洋
印刷所……………萩原印刷
製本所……………ナショナル製本

Printed in Japan　ISBN978-4-396-11370-4　C0221

〈祥伝社新書〉
日本の古代

222
《ヴィジュアル版》東京の古墳を歩く！
知られざる古墳王国・東京の全貌がここに。歴史散歩の醍醐味！
考古学者 大塚初重 監修

268
天皇陵の誕生
天皇陵の埋葬者は、古代から伝承されたものではない。誰が決めたのか？
成城大学教授 外《と》池《いけ》 昇

278
源氏と平家の誕生
源平が天皇系から生まれ、藤原氏の栄華を覆すことができたのは、なぜか？
歴史作家 関 裕二

316
古代道路の謎 奈良時代の巨大国家プロジェクト
奈良朝日本に、総延長六三〇〇キロにおよぶ道路網があった！
文化庁文化財調査官 近江俊秀

326
謎の古代豪族 葛城氏
天皇家に匹敵したとされる大豪族は、なぜ歴史の闇に消えたのか？
龍谷大学教授 平林章仁